Lauren Frances
Von Männern und Vögeln

Lauren Frances

Von Männern und Vögeln

Wie man sich den Richtigen fängt

Aus dem Amerikanischen
von Annette Hahn

kiepenheuer
AUFBAU VERLAGSGRUPPE

Die amerikanische Originalausgabe
erschien unter dem Titel
»Dating, Mating, and Manhandling.
The Ornithologigal Guide to Men«
2006 bei Harmony Books/Random House.

Mit Illustrationen
von Konstantin Kakanias

ISBN 978-3-378-01097-0

Gustav Kiepenheuer ist eine Marke
der Aufbau Verlagsgruppe GmbH

1. Auflage 2008
© Aufbau Verlagsgruppe GmbH, Berlin 2008
Copyright © 2006 by Lauren Frances
Illustrations copyright ©2006 by Konstantin Kakanias
This translation is published
by arrangement with Harmony Books,
a division of Random House, Inc.
Einbandgestaltung Mediabureau Di Stefano, Berlin
unter Verwendung einer Illustration
von Konstantin Kakanias
Druck und Binden
Bercker, Graphischer Betrieb Kevelaer
Printed in Germany

www.gustav-kiepenheuer-verlag.de

Für alle Frauen mit Lust auf Eroberung …
und Befriedigung!

Die Hoffnung ist das Federding,
das in der Seel' sich birgt
und Weisen ohne Worte singt
und niemals müde wird …

Emily Dickinson, Mitte des 19. Jahrhunderts

INHALT

Teil III: Mit dem Vogel leben

Anhang

VORWORT

Häufig hört man, Männer seien Schweine. Jeder Schweinekenner wird allerdings – zu Recht – dagegenhalten, dass es sich hierbei um eine sehr liebenswerte und gesellige Tierart handelt, die über ein ausgesprochen gutes Gedächtnis verfügt. Und davon kann nun bei Männern wirklich keine Rede sein. Selbst wenn man bei ihnen immer wieder Nachlässigkeiten in ihrer Körperhygiene beobachten kann oder ihnen bisweilen einen gewissen Mangel an Klugheit nachsagt, muss man wohl fairerweise zugeben, dass damit auch schon Schluss mit den Ähnlichkeiten ist.

Gelegentlich heißt es auch, Männer seien wie Hunde. In diesem Fall wird jedoch jeder Hundebesitzer schleunigst darauf hinweisen, dass der Vergleich hinkt. Selbst wenn Männer scharf wie Nachbars Lumpi sein können und sich auch hin und wieder wie Schweinehunde benehmen, beschränken sich die Gemeinsamkeiten meist auf ihre Vorliebe für Sex als Freizeitgestaltung und ihre Bereitschaft, diesem Hobby jederzeit und allerorten nachzugehen – sogar mitten auf der Straße. Doch leider endet der Vergleich hier auch schon.

Denn Hunde sind zum Beispiel bemerkenswert leicht zu dressieren (von Schweinen ganz zu schweigen). Auf die meisten Männer trifft das bedauerlicherweise nicht zu. Dass sie den Toilettensitz nach Gebrauch wieder runterklappen, muss oft lebenslang trainiert werden. Kurios ist auch, dass einfache Kunststückchen, wie etwa Vorspiel oder Kuscheln, immer wieder verlernt werden können. Hunde sind ein Leben lang treu, und sie haben keine Probleme mit Nähe. Ganz im Gegenteil: Tatsächlich werden Sie erst dann endgültig Ruhe vor Ihrem vierbeinigen Freund haben, wenn er seine ewige Ruhe gefunden hat.

Nein, Männer sind nicht wie Schweine und erst recht nicht wie Hunde. Allerdings haben sie erstaunlich viel Ähnlichkeit mit Vögeln.

Meine Nachforschungen in der Praxis haben mir immer wieder vor Augen geführt, wie sehr Männer unseren gefiederten Freunden in freier Wildbahn gleichen. Schnelle Schritte erschrecken sie. Manchmal wagen sie sich ausgesprochen nahe heran, um gleich darauf abrupt wieder davonzuflattern. Fühlen sie sich bedroht, reagieren sie feindselig oder passiv-aggressiv, und jede Art von Flucht ist ihnen recht, um einer (emotionalen) Gefangennahme zu entgehen.

Ich kleidete mich also in meine dekorativste Jagduniform und verbrachte viele Stunden in Verabredungswäldern und auf Rendezvouswiesen, um diese faszinierenden Kreaturen zu studieren. Nach einigen mühsamen (aber äußerst befriedigenden) Testreihen gelang es mir schließlich, die Paarungsrituale und das äußerst schreckhafte Wesen des *modernen Männchens* zu entschlüsseln. Dieses Buch erläutert sein komplexes Balz- und Paarungsverhalten und bietet wirkungsvolle Strategien für den Umgang mit jedem noch so schrägen Vogel. Wenn Sie einen Ehemann, Freund oder Geliebten suchen, sind solche Informationen von unschätzbarem Wert.

Es mag sein, dass Sie oder einige Ihrer glücklich verheirateten Freundinnen tatsächlich das Glück hatten, in eine *perfekte* Beziehung oder ein *perfektes* Verabredungsszenario zu schlittern. Nun aber, da Sie wieder auf Jagd gehen, sollten Sie sich nicht länger auf Ihr Glück verlassen, sondern auf sich selbst. Denn:

1. Der einzige Mensch, der Ihre Zeit verschwenden kann, sind Sie selbst.

2. Das Problem liegt nicht darin, *mit wem* Sie bisher ausgingen, sondern *wie*.

3. Wenn Sie genau so weitermachen wie bisher, werden Sie weiterhin genau das Gleiche bekommen wie bisher.

Falls Sie vollkommen zufrieden sind mit dem, was Sie bisher bekamen, mailen Sie mir bitte Ihre Erfahrungen! (Aber wahrscheinlich sind Sie viel zu beschäftigt mit Ihrem berauschenden Sexleben oder gar Hochzeitsvorbereitungen, um dieses Buch zu lesen …) Für alle anderen gilt:

Sie sind ab jetzt vollwertiges Mitglied meines exzellenten und exzellent gestylten Vogelforscherinnenteams. Forschung ist wichtig, also geben Sie Ihr Bestes. Sie sollten unvoreingenommen, motiviert und angemessen gekleidet sein und keine Angst davor haben, Ihren Jagdeifer auszuleben – frei nach dem Motto: Entdecke die Ornithologin in dir!

Nehmen Sie in Lust- und Liebesdingen Ihr Schicksal selbst in die Hand und bedenken Sie:

1. Ein Rendezvous ist keine Mini-Beziehung – es ist eine vergnügliche und erkenntnisreiche Forschungsreise.

2. Bevor er Ihnen nicht klipp und klar bestätigt, dass er für Sie »der Eine« und kein anderer sein will, … *ist er es nicht!*

3. Genau wie in der Natur werden nur die Besten und Stärksten die Verabredungsphase überleben, und das auch nur, sofern Sie klug genug sind, die Gesetze der natürlichen Auslese zu beachten.

Und keine Bange – Sie haben meine volle Unterstützung! Falls Sie im Sumpf einer unglücklichen Romanze feststecken oder durch die dunklen Wälder des Single-daseins irren, fürchten Sie sich nicht! Sie werden sich in null Komma nichts auf einer üppig blühenden Wiese voller Sonnenschein und Vogelgezwitscher wiederfinden. Sehen Sie zu, dass Sie sich aus dem Gestrüpp befreien, damit Sie Ihren Prinzen finden. Denn schließlich hat jede Frau das Recht auf ein heißes und schweißtreibendes Happy End – mit Männern und Vögeln.

TEIL I
DEN VOGEL LOCKEN

Oh, ich bin mir immer noch nicht darüber klar, welcher von euch beiden der hübschere ist. Ich lag die ganze Nacht wach und fand es nicht raus.

Scarlett O'Hara, Vom Winde verweht

1. GRUNDLAGEN
DES SCHWARMPRINZIPS

Als ich *Vom Winde verweht* das erste Mal sah, war ich elf Jahre alt und ausgestattet mit Zahnspange, Brille und unzähligen Sommersprossen. Gebannt sah ich zu, wie Scarlett O'Hara in ihr beängstigend enges Korsett geschnürt wurde und sich dabei am Bettpfosten festklammerte. Atlanta brannte, sie überlebte den Bürgerkrieg und schneiderte sich aus den grünen Wohnzimmervorhängen ein bezauberndes Ballkleid.

Doch was mir damals, noch leicht zu beeindrucken, wie ich war, am meisten imponierte, war die Picknickszene auf dem benachbarten Landsitz Twelve Oaks, bei den Hamiltons. Da saß sie im Garten, umringt von ihrem Reifrock und einer *riesigen* Schar von Männern. Scarlett badete förmlich in ihrer Aufmerksamkeit und sah so selbstzufrieden aus wie eine Katze, die gerade den Kanarienvogel verspeist hat.

»Wie, um alles in der Welt, hat sie das nur gemacht?«, staunte mein elfjähriges Ich. Es sollte einige Jahre dauern, ehe ich ihre Männerfangtechnik durchschaute.

Scarlett – eine Analyse

Scarlett war mit einer Art »Schwarmbewusstsein« ausgestattet. Sie konzentrierte sich nicht ausschließlich auf einen Verehrer, lockte dadurch einen ganzen Schwarm von Liebestäubchen an und hielt sich alle Optionen offen. Anders formuliert: Scarlett besaß auch beim Flirten die Fähigkeit zum Multitasking.

Jeder einzelne Mann auf Twelve Oaks fraß ihr aus der Hand. »Aber natürlich, Mr. Hamilton, Sie dürfen mir *gern* noch ein Glas Limonade bringen, und bitte mit *ganz viel* Eis darin.« Das brauchte sie, weil sie unter dem gleißenden Licht männlicher Aufmerksamkeit förmlich glühte.

Einige Jahre später, ohne Zahnspange und mit Kontaktlinsen, ging ich mit trägerlosem BH und etwas zu viel Rouge auf meine erste Party. Intuitiv folgte ich dem, was Scarlett mich gelehrt hatte, und ließ mich von einer ganzen Schar Jungs umschwärmen – ohne in romantischen Tunnelblick zu verfallen.

Das verschaffte mir ein Rendezvous mit Paul, dem allseits begehrten Star unseres Jahrgangs mit seinem erregenden Duft nach 8x4 und Zigaretten. Und mit Ross, einem flachsblonden Schüler aus der Mittelstufe, der mich im Anschluss an unsere nächste Sportstunde nach Hause brachte. Seine strahlend weißen Zähne bescherten mir einen kleinen Knutschfleck, für den meine Mutter mir ein Wochenende Hausarrest gab.

Meine romantische Karriere hatte offiziell begonnen.

Der romantische Tunnelblick

Ein allgemein verbreiteter Fehler von Singlefrauen ist es, sich selbst mit der Begründung »Er mag mich« vorzeitig vom Markt zu nehmen (auch als Nie-zwei-auf-einmal-Prinzip bekannt).

Dieser Fehler wird in jeder Phase der noch frischen Affäre begangen und ist ein genetisches Relikt aus jener Zeit, in der Frauen noch Beeren in der Tundra pflückten. Es bewirkt, dass wir die Jagd sofort wieder aufgeben und schnurstracks monogam werden, sobald wir einen (vermeintlich) brauchbaren Kerl gefunden haben.

WARNUNG: Das Problem ist, dass es bei den meisten Männern genau umgekehrt läuft.

Männerkennerwissen: Männer – selbst diejenigen, die Sie eigentlich für ganz nette Kerle halten (wie etwa Lehrer) – finden es nicht nur normal, sondern sogar erstrebenswert, sich sexuelle Alternativen (sprich: Frauen) offenzuhalten.

Männer empfinden diesen Ansatz nicht im mindesten als verwerflich, solange sie nicht irgendeiner, einigen oder gar jeder einzelnen dieser Frauen eine (mündliche oder schriftliche) »Bindungsbestätigung« haben zukommen lassen. Im Gegenteil: Männer praktizieren typischerweise das mehrdimensionale Flirten.

Das mehrdimensionale Flirten

Beim sportlichen Mannschaftstraining lernen kleine Jungs weitaus mehr als Teamgeist – sie lernen, dass es sinnvoll ist, Talent im Rotationsprinzip einzusetzen. Und wenn kleine Jungs zu Männern werden, wenden sie dieses Prinzip auch auf ihr Liebesleben an. Ein wirklich geniales System – wenn Sie verstehen, wie es funktioniert …

Ein Singlemann stellt im Geiste eine erste Mannschaft mit den besten Spielerinnen auf, dann eine zweite Variante mit den zweitbesten und schließlich eine Ersatzmannschaft, die auf der Bank sitzen und eine romantische Auszeit nehmen muss.

Seine erste Mannschaft besteht normalerweise aus allen Frauen, von denen er sich überwältigenden Sex erhofft. Alle anderen sind Auswechselspielerinnen mit unterschiedlichen, aber weniger nützlichen Qualitäten.

Männer fühlen sich deswegen kein bisschen schuldig, denn sie sind ja schließlich nicht verheiratet und müssen sich deshalb auch nicht so verhalten, als wären sie es. Und vielleicht haben sie damit sogar recht!

Das männliche Muster des mehrdimensionalen Flirtens beruht auf dem Prinzip: »Wenn du so dumm bist, mich nicht zu fragen, wie ernst ich es meine, werd ich nicht so blöd sein, es dir zu sagen.«

Nur am Rande bemerkt: Es ist erstaunlich, dass die meisten Frauen den Mann, mit dem sie sich eine Beziehung erhoffen, nicht fragen, ob er auch mit anderen Frauen Sex hat und, wenn ja, mit wie vielen. Täten sie es – sie wären vermutlich schockiert.

Männerkennertipp: Es ist weder indiskret noch unhöflich, den Mann, mit dem Sie ins Bett gehen, nach etwaigen Konkurrentinnen zu fragen, um sich Ihre reellen Chancen auf eine feste Beziehung – oder einen Rang als Stammspielerin – ausrechnen zu können.

Die Lösung

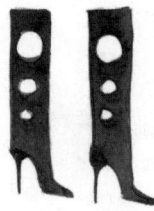 Der erste Schritt auf dem Weg, den richtigen Mann zu finden, besteht darin, die *falschen* forsch und furchtlos abzuweisen. Sobald Sie sich über Ihre eigenen Bedürfnisse im Klaren sind und diese zu formulieren und zu befriedigen wissen, werden Sie den wahren Wert eines Ver-

ehrers sehr schnell einschätzen und ungeeignete Flatter-
männer leicht in den Wind schießen können.

Die gute Nachricht: Falls Sie zu den MILLIONEN von
Frauen gehören, denen man eingeredet hat, man bekomme, was man wolle, indem man still und hoffnungs-
voll darauf wartet oder aber furchtbare Wutanfälle bekommt, so haben Sie heute eine segensreiche Erkenntnis
gewonnen.

Männerkennertipp: Wenn ein Mann um Ihretwillen nicht vom
Spielfeld geht, beenden Sie um seinetwillen auch nicht Ihr
Spiel!

Steigen Sie nun bitte in Ihre heißesten Highheels, legen
die Hand aufs Herz und sprechen mir nach:

Feierliches Gelöbnis der Vogelforscherin

Ich schwöre, mich nie wieder ausschließlich einem *Manne
hinzugeben, egal, wie attraktiv, reich oder sexy er auch sein
mag, bis der Richtige – von sich aus und ohne erst dazu gezwungen werden zu müssen – mir genau die Art von Beziehung anbietet, die ich will. Ich fühle mich frei, mich von
meinem persönlichen Verehrerschwarm in ständig wechseln-
der Rangordnung umschwirren zu lassen … Bis ich eines
Tages in einem der Vögel, der vielleicht schon eine Weile neben mir herfliegt, aber nicht die Absicht zu haben scheint,
ohne mich Richtung Süden aufzubrechen, mein Liebestäubchen erkenne.*

Auf geht's, Ladys, schwärmen wir aus!

2. DIE KUNST DES VOGELFANGS

Sich einen Mann einfangen zu wollen kann ohne ein gewisses Grundlagentraining zu einer entmutigenden Erfahrung werden (Treffer unter die Strumpfhalterlinie sind nicht ausgeschlossen). Doch zum Glück kann sich eine Vogelforscherin die Kunst des Vogelfangs und die dazugehörigen Lockrufe aneignen und sich so als jener Männermagnet erweisen, als der die Liebesgöttin sie erschuf.

Allein auf Vogelschau

Online-Dating ist für jede Singlefrau ein wahrer Segen. Im Internet kann sie auf die gleiche Weise nach Männern stöbern, wie sie im Schlussverkauf inmitten der Ramschware ein Designerstück ausfindig macht – mit gezieltem Blick und einiger Ausdauer. Obwohl sich immer mehr Paare auf diese Weise finden, klagen Frauen häufig darüber, wie viele Internet-Männer bei näherer Betrachtung gravierende Mängel aufweisen oder sich als derart unattraktiv herausstellen, dass man sie einfach nur noch umtauschen will. Oft klebt an der Ware ein falsches Etikett: Ein Mann prahlt mit XL, auch wenn es in Wahrheit nicht mehr als S ist. So kommt es immer vor, dass eine Frau mehrere Wochen darauf verschwendet, mit einem alten Blässhuhn zu flirten, das sich selbst als munteren Eichelhäher bezeichnet, bis sie dem schnöden Schwindler endlich Auge in Auge gegenübersteht.

Schon allein darum sollte jede Frau lernen, aus eigener Initiative mit allen in Frage kommenden Männern in ihrer Umgebung zu flirten und nicht nur mit jenen im virtuellen Raum. Haben Sie erst einmal gelernt, wie man Vögel mit wenigen Worten anfüttert, werden Sie nie wieder ohne geschickt platzierten Lockruf an einem potentiellen Kandidaten vorbeigehen – ob in der Autowaschanlage, im Waschsalon oder beim Tierarzt. Diese Art der Beschäftigung schlägt das Blättern in jeder noch so guten Frauenzeitschrift um Längen, das verspreche ich!

Überprüfen Sie Ihre Lockrufe

Egal, wie viel Zeit Sie da draußen in freier Wildbahn verbringen – es wird nichts nützen, solange Sie Männer mit Sprüchen anreden, die aus der Zeit vor Erfindung selbstklebender Binden stammen. Folgendes kleines Quiz soll zeigen, ob Ihre Taktik womöglich überdacht werden sollte.

Lockruftest:
Sind folgende Aussagen wahr oder falsch?
- Wenn eine Frau den ersten Schritt macht, wird sie nie wissen, ob der Mann sie wirklich mag oder nicht.
- Wenn eine Frau die Initiative zur ersten Verabredung ergreift, wird der Mann automatisch davon ausgehen, dass sie Sex will, und keinen Respekt vor ihr haben.
- Männer lassen sich nicht gern von Frauen einladen. Sie empfinden es als unmännlich und abtörnend.

Falls Sie alle Fragen mit »Ja!« beantwortet haben, sind Sie durch Ihren Mangel an Verabredungen vermutlich derart demoralisiert, dass Sie sogar aufgehört haben, sich die Beine zu rasieren.

Sollte also Ihre Vorstellung eines gelungenen Samstagabends darin bestehen, einen Becher Schokoladeneis zu löffeln, verzagen Sie nicht: Rettung naht!

Männerkennerwissen: Immer wieder wird behauptet, gute Männer stünden kurz vor dem Aussterben – lassen Sie sich ein für alle Mal gesagt sein, dass das Blödsinn ist! Allein Ihre Verabredungstechnik muss aufgefrischt werden.

Beenden Sie Ihr Flirtkoma

Es mag einer modernen Frau von heute nicht unbedingt bewusst sein, aber die meisten von uns haben den Anfangsunterricht der Gebrüder Grimm in Sachen Romantik bis heute nicht überwunden. Manche halten ihre Lektionen sogar nach wie vor für wahr.

Dabei sind es gerade diese Lügengeschichten, die zu den Beziehungsproblemen der modernen Frauen beitragen: Sie wecken in uns den Glauben, dass einen die wahre Liebe wie im Märchen einfach überkommt – durch ein magisches Ereignis, das wir selbst in keiner Weise beeinflussen können. Und so gehen wir davon aus, dass die Liebe sich anfühlt, als wäre sie durch irgendeine romantische Übermacht vorherbestimmt, weil sie einfach *sein soll* – ganz egal, was wir tun. Selbst die Initiative zu ergreifen, jemanden kennenzulernen, wäre ein

Zeichen von Verzweiflung oder gar … eine Geschmacklosigkeit.

Sehen wir uns das doch einmal genauer an:

Es war einmal eine junge Frau, die ganz gemütlich in ihren Joggingklamotten zu Hause auf der Couch herumlümmelte, als es plötzlich an der Tür klopfte und …

Okay, ich kann jeder Frau verzeihen, die bei diesem Szenario einen verträumten Gesichtsausdruck bekommt. Wer von uns würde wohl einen heißen Prinzen in engen Höschen abweisen, der uns an der Tür ein Paar traumhafter Tanzschuhe überreicht? Ich muss mich schon sehr zurückhalten, um nicht über den Schuhverkäufer in meinem Lieblingsladen herzufallen, obwohl ich für die Schuhe dort sogar *bezahle!*

Unglücklicherweise heißen die wenigsten von uns Aschenputtel, und auch die Dornröschenstrategie (auf einen Prinzen zu warten, der angaloppiert kommt und einen aus seinem langweiligen Leben errettet) ist eine eher schlechte Taktik für den Männerfang. Mir ist tatsächlich kein einziger Fall bekannt, in dem eine Frau durch langes Schlafen und Spinnen ihr Liebesleben entscheidend verbessern konnte.

Diese Art, einen Mann kennenzulernen – mittels himmlischer oder magischer Intervention –, schien mir früher einmal eine gute Idee, bis mir jedoch auffiel, dass anders als bei Dornröschen meine Patentanten keine Feen sind, die mich durch Zauberei vor romantischen Schicksalsschlägen wie PMS und anderen Naturkatastrophen bewahren können.

(Meine Patentanten sitzen lieber in einer Lesbenkneipe und trinken Bier.)

Und es gibt einen weiteren Grund, warum diese Märchen uns so Grimm-ig machen:

Männerkennertipp: Wenn Sie sich verhalten wie eine mittelalterliche Jungfer, werden Sie vermutlich niemals aus Ihrem Flirtkoma wach geküsst – geschweige denn, in den Genuss der anderen Dinge kommen, die der Durchschnittprinz von heute anzubieten hat (und dabei denke ich nicht an Schuhe …).

Und die Moral von der Geschicht: In Wahrheit haben wir alle uns so sehr von diesem »… und lebten glücklich bis ans Ende ihrer Tage« mitsamt den märchenhaften Kleidern blenden lassen, dass wir vergaßen, das Kleingedruckte zu lesen. Das Einzige, was wir aus Märchen lernen sollten, ist, dass es für jede Frau ein Happy End gibt. Sie muss nur bereit sein, sich bis zur Hochzeit auf wiederholtes Herzeleid, temporäre Einsamkeit, gelegentliche Selbstzweifel, kuriose Gefährten, bizarre Lebensumstände und unvorhergesehene Rückschläge einzulassen. Und natürlich etwas mehr Initiative beim Flirten zeigen.

Streuen Sie Brotkrumen

 Die meisten Singlefrauen klagen, sie hätten nicht genug Verabredungen. Wenn ich aber nachhake, wie viele Männer sie selbst in letzter Zeit um eine Verabredung gebeten hätten, erwidern sie entgeistert: »Na, keinen!«

Männerkennertipp: Auch bei Verabredungen gilt: Bittet, so wird euch gegeben werden.

Sie können Ihren Keuschheits- gegen einen Strumpfhaltergürtel tauschen und ausgehen, so oft und wann immer Sie wollen, wenn Sie wie eine selbstbewusste Vogelforscherin an die Sache rangehen und nicht wie eine … holde Maid.

Doch bevor ich Ihnen die Tricks verrate, die Sie verleiten werden, reizvolle Lingerie anzulegen, müssen Sie erst ein paar überholte Vorstellungen ablegen. Folgende Männerfangtechniken sind ungefähr so zeitgemäß wie die Armbrust und eher eine Garantie für einen besonders tiefen Dornröschenschlaf Ihres Liebeslebens.

1. Blinzeln: Viele Frauen versuchen immer noch, Männern ihre Verabredungsbereitschaft durch wildes Auf- und Zuklappen der Lider, heftiges Augenrollen oder durchdringendes Anstarren zu signalisieren, aber es würde ihnen nicht im Traum einfallen, einen Mann direkt anzusprechen. Diese Art des passiven Flirtens ist nicht nur grundsätzlich grausig, sie erweckt zudem den Eindruck, Sie hätten einen nervösen Tic. Vielleicht ein Relikt aus der Zeit, als es noch keine Wimperntusche gab?

2. Abnehmen: Millionen von Frauen verbringen ihre kostbaren Wochenenden auf einem Stepper oder Laufband in der Hoffnung, ihr Traummann werde wie von Zauberhand geleitet in genau jener Sekunde auftauchen, da sie wieder in ihre enge Jeans passen. Diese Frauen machen den Umfang ihrer Schenkel für ihr Singledasein verantwortlich und glauben fest daran, dass sie nur endlich das perfekte Aussehen erreichen müssen, um ihr Barbie-Traumhaus zu bekommen – inklusive Ken und all der wunderbaren Schuhe.

Ich verrate Ihnen ein Geheimnis: Es gibt auch Frauen mit Kleidergröße 36, die keine Verabredungen haben!

Anfüttern

Um jederzeit und überall eine Verabredung ergattern zu können, sollten Sie als Erstes folgenden Zauberspruch lernen: »Hübsche Krawatte!«

Wenn Sie das nächste Mal einem interessanten Mann begegnen, machen Sie ihm ein Kompliment zu irgendetwas, das er trägt oder tut. Männer lieben es, bewundert zu werden. Sie werden dadurch zu großen Taten motiviert, früher zogen sie in den Krieg, heute bauen sie Wolkenkratzer oder erfinden Dinge, die unser Leben schöner und besser machen (wie Antifaltencremes oder Wärmeschutzverglasung). Sie müssen also nichts weiter tun, als diesen männlichen Wesenszug zu Ihrem Vorteil zu nutzen.

Dem Mann einen winzigen Krümel Anerkennung hinzuwerfen hat meist einen erstaunlichen Sesam-öffne-dich-Effekt. Fröhlich zwitschernd wird er mit jeder Frau abschwirren, die sein hübsches Federkleid bewundert (zur Not auch seine tiefseetaugliche Sportuhr).

Männerkennerwissen: Die männliche Aufmerksamkeit wird instinktiv von Dingen angezogen. Wenn sie über irgendetwas ins Schwärmen geraten, dann sind das –von Brüsten einmal abgesehen – Autos und Computer. Mit einem Mann über einen unbelebten Gegenstand zu plaudern ist also der beste Weg, ihm näher zu kommen.

WARNUNG: Vermeiden Sie Komplimente über seinen Körper! Das wird ihn nur verlegen machen oder bezüglich

Ihrer Absichten verwirren. Ihre Wertschätzung sollte sich auf etwas beziehen, das er irgendwann ablegen kann. (Ausnahme: Tätowierungen und ein gestählter Bizeps, die zur Kategorie »Männerschmuck« gezählt werden können.)

Männerkennermanöver: Ein beliebiges Kompliment ist das zuverlässigste Mittel, das Eis zu brechen.

So locken Sie Ihr Turteltäubchen

Nachdem Sie einen Mann in ein lockeres Gespräch über sein Auto, seine Turnschuhe oder seine Krawatte verwickelt haben, fragt er Sie möglicherweise nach Ihrer Telefonnummer. Was aber, wenn er weiterhin unsicher herumflattert und sich nicht zu landen traut?

WARNUNG: Machen Sie nur dann weiter, wenn Ihr erstes Kompliment positiv aufgenommen wurde.

Ist dies der Fall, werfen Sie ihm den nächsten Happen hin:

»Hätten Sie Lust, irgendwann mal eine Tasse Tee mit mir zu trinken?«

Keine Angst! Sich zum Tee zu treffen ist vollkommen ungefährlich, weil Ihre Absichten im Dunkeln bleiben. Sie fragen ihn ja nicht, ob er mit Ihnen in ein Striplokal geht. Sie fragen nicht einmal, ob er mit Ihnen »etwas trinken« geht. Sie laden ihn zu einer gesitteten Tasse Tee ein, wie es jede anständige viktorianische Lady auch getan hätte, und ich wette, er wurde noch nie von einer Frau zum Tee eingeladen. Das wird ihn ein bisschen verwirren (gut!), und er wird es in gewisser Weise aufregend finden.

Männerkennertipp: Fragen Sie einen Mann nie, ob er mit Ihnen etwas essen oder trinken geht. Es könnte Ihnen später zum Nachteil gereichen. Überlassen Sie es immer dem Mann, den Einsatz zu erhöhen, sprich: anstatt zum Teetrinken zum Essen oder in eine Bar zu gehen.

Falls er immer noch zögert, können Sie noch eins drauflegen und sagen: »Ich meine einfach ein lockeres Treffen zum Tee, kein romantisches Teerendezvous oder so etwas.« Das wird Ihnen beiden die Anspannung nehmen und Ihr Gegenüber daran hindern, sich vor lauter Selbstgefälligkeit zu sehr aufzuplustern.

Wenn Ihr Liebestäubchen Ihrer Spur aus Brotkrumen bislang brav gefolgt ist, wird es jetzt normalerweise noch ein wenig näher heranhüpfen und so etwas wie »Das wäre nett!« zwitschern. Das ist Ihr Stichwort, um ganz beiläufig nach seiner Karte oder Telefonnummer zu fragen.

Es gibt drei Möglichkeiten, wie ein Mann auf diese Frage reagiert:

1. Aber ja! Er drückt Ihnen die Karte sofort in die Hand. Die meisten Männer nutzen diese Chance, gleichzeitig nach Ihrer Telefonnummer zu fragen, und *schwupp!* … bekommen Sie ein Extrasternchen für Ihre ausgezeichnete Männerfangtechnik.

2. Ich muss eben einen Stift suchen! Er hat keine Karte, packt die Gelegenheit, Sie wiederzusehen, jedoch beim Schopf und sucht schleunigst nach einem Kugelschreiber, um Ihnen seine Nummer aufzuschreiben. Jetzt ist er so weit, dass er Ihnen aus der Hand frisst. Sagen Sie fröhlich: »Prima, ich ruf Sie an.«

ACHTUNG: Lassen Sie immer offen, *wann* Sie ihn anrufen werden. Und schlagen Sie zu diesem Zeitpunkt *nie-*

mals einen konkreten Termin für ein Treffen vor, es sei denn, er besteht darauf. Stecken Sie seine Telefonnummer einfach in Ihre Handtasche und lächeln Sie. Das ist ein Befehl!

Oder aber …

3. Er duckt sich und fliegt davon. Das passiert selten, aber wenn doch, ärgern Sie sich nicht. Und fangen Sie keinesfalls an zu drängen. Lassen Sie ihn einfach ziehen. Seine Reaktion bedeutet schlichtweg, dass Sie wie seine sexy, aber manisch-depressive Exfreundin aussehen, die sein Leben ruinierte, als sie ihre Medikamente absetzte. Oder dass er ein beringter Vogel ist *(verheiratet!)*. Sie werden nie erfahren, warum er Sie entwischen ließ, und offen gesagt interessiert es uns auch nicht weiter. Sagen Sie einfach so etwas wie: »Es war nett, Sie kennenzulernen. Ich wünsche Ihnen noch einen schönen Tag«, und schweben davon.

> **Männerkennermanöver:** Falls das Objekt Ihrer Begierde plötzlich gesteht, in festen Händen zu sein, muss es Ihnen nicht peinlich sein, dass Sie sich für ihn interessieren. Es wäre schließlich nie dazu gekommen, wenn er nicht zurückgeflirtet hätte. Er ist also schuld, dass Sie nun beide in dieser unangenehmen Situation stecken, und als Wiedergutmachung liefert er Ihnen sogar eine Erklärung. Sagen Sie: »Die Glückliche!« und lächeln, während Sie ihm direkt in die Augen sehen. Betrachten Sie es als einen kurzen Moment des Triumphs und verlassen dann schnurstracks die Bühne.

WARNUNG: Falls ein beringter oder anderweitig »markierter« Mann an diesem Punkt eine Verabredung vorschlägt, lehnen Sie ab! Sie bauen sonst ein unglaublich schlechtes Verabredungskarma auf. Falls Sie auf solche Einladungen häufiger eingehen oder, schlimmer noch, sogar dazu ermutigen, rufen Sie mich umgehend an. Sie scheinen psychologischen Beistand zu brauchen.

Noch Fragen?

FRAGE: *Warum sollte ich einen Mann um eine Verabredung bitten? Ich will einen Kerl, der genug Mumm hat, selbst zu fragen!*

ANTWORT: Tja, ich wünschte, die Polkappen würden nicht schmelzen, aber sie tun es. In einer perfekten Welt wären die Dinge … nun ja, perfekt. Aber in der wirklichen Welt sind Männer zerknittert, zerstreut, brauchen dringend eine Rasur … oder einen Tritt in den Hintern. Laut »Cosmopolitan« haben sage und schreibe achtundsiebzig Prozent der Männer nichts dagegen, ja begrüßen es sogar, wenn die Frau den ersten Schritt tut, und schätzen sie deshalb nicht geringer. Da haben Sie's! Das ist alles, was ich dazu zu sagen habe.

FRAGE: *Aber wird er mich nicht für ein Flittchen halten, wenn ich ihn zum Tee einlade?*

ANTWORT: Er wird Sie für ein Flittchen halten, wenn Sie sich wie eines *benehmen*. Niemand verlangt das von Ihnen, also tun Sie's nur, wenn Sie es wirklich *wollen*! Sind Sie immer noch unsicher, lassen Sie sich gesagt sein, dass Manolo Blahnik (genau, der Schuhguru) zu diesem Thema Folgendes meint: »Ich liebe Flittchen. Sie sind die liebenswürdigsten Menschen der Welt.« Und außerdem tragen sie meist phantastische Schuhe …

FRAGE: *Vielleicht will das Schicksal nicht, dass ich mit jemandem zusammen bin. Sonst würde mir doch bestimmt ein Mann über den Weg laufen, oder?*

ANTWORT: Holla! Die Schicksalsmächte sind zwar gerade unheimlich beschäftigt, haben mir aber folgende Nachricht für Sie zukommen lassen:

Liebe Auf-ein-Zeichen-Wartende,

wir, die Schicksalsmächte des Universums, wünschen Ihnen ein glückliches, aufregendes und sexuell erfülltes Leben. Wir sind jedoch sehr damit beschäftigt, schwarze Löcher und DNA-Stränge zu koordinieren und dafür zu sorgen, dass die meisten von Ihnen auf der richtigen Straßenseite fahren. Deshalb wären wir Ihnen wirklich sehr dankbar, wenn Sie die Erfüllung Ihrer persönlichen romantischen Sehnsüchte selbst in die Hand nehmen würden. Aber wir versprechen, dass wir Ihnen entsprechende Hinweise geben werden, sobald Sie sich auf dem richtigen Weg befinden (kleine unerwartete Schubser in die richtige Richtung), und dass wir bei Ihrer Hochzeit weinen werden.

Gez.

Die Schicksalsmächte

(sehr an Ihren Fortschritten in dieser Angelegenheit interessiert)

3. GEMEINSAM AUF DER PIRSCH

Es wird Zeit, eine Vogelforscherinnen- oder, besser gesagt, eine Vogelfangtruppe zusammenzustellen. Abgesehen davon, dass es effektiv ist, macht die Jagd in der Gruppe genauso viel Spaß wie das Kaufen von Dessous.

Ihre Aufgabe: Helfen Sie sich gegenseitig beim Aufspüren, Anlocken und Einfangen potentieller Liebestäubchen und lassen sich umschwärmen – *gemeinsam*!

Anmerkung: Denken Sie immer daran, dass Sie einen Auftrag haben. Ihr zukünftiges Glück und Wohlergehen stehen auf dem Spiel. Ich kenne Hunderte von Beziehungen und Ehen, die durch diese Art der Feldforschung entstanden sind. Seien Sie also wachsam, Ladys!

Wie Sie Ihr Team zusammenstellen

Auf die Größe kommt es an. (Aber das wissen Sie ja bereits!) Die ideale Anzahl ist vier, weil man sich dann gegebenenfalls in Zweiergruppen aufteilen kann. Gehen Sie nie mit fünf oder mehr Frauen auf Vogelfang! Eine derart geballte Östrogenmenge ist nur schwer in den Griff zu bekommen und lässt Ihre Exkursion höchstwahrscheinlich in einen launischen Frauenabend ausarten.

Eine gute Auswahl ist entscheidend. Fragen Sie Ihre Männer suchenden Freundinnen, ob sie Ihrem Vogelforscherinnenteam beitreten wollen. Wer enthusiastisch mit »Auf jeden Fall!« antwortet, ist dabei.

Ihre Teammitglieder sollten Sie mit voller Kraft unterstützen und für regelmäßige Feldstudien verfügbar sein. Überflüssig zu erwähnen, dass Sie am besten nur wahre Freundinnen in Ihr Team einladen.*

ACHTUNG für frischgebackene Teamleiterinnen: Folgende Frauentypen sind absolute Fehlbesetzungen.

Die Männerhasserin. Durch ihre negative Ausstrahlung erzeugt sie eine Flugverbotszone, die gutaussehende Männer davon abhält, in Ihren Luftraum einzudringen. Männer riechen eine Männerhasserin schon etliche Meilen gegen den Wind und kehren automatisch um. Sie ist eine Art Romanzengift oder auch Flirt-Kryptonit und

---

* Eine wahre Freundin weiß, dass eine Liebesaffäre nur kurz, eine Frauenfreundschaft jedoch ewig währt. Eine wahre Freundin würde nicht mal im Traum daran denken, sich von dahergelaufenen heißen Typen die Freundschaft mit Ihnen zerstören zu lassen. Sie würde nie im Leben mit Ihrem Freund ins Bett gehen, auch wenn er noch so sexy wäre und die beiden allein und betrunken in Tahiti am Strand lägen. Wahre Freundinnen sind weder neidisch noch eifersüchtig. Sie sind loyal und freuen sich über Ihr Glück – so wie Sie sich über ihres.

kann jeden Mann mitten im Flug stoppen, so dass er wie eine Bleiente zur Erde fällt.

Wie Sie eine Männerhasserin erkennen: Sie sind dabei, einen Mann anzulocken, aber Ihre Freundin benimmt sich kühl und reserviert und versucht, einen Streit vom Zaun zu brechen – sei es mit dem Mann oder gar mit Ihnen. Findet ein Mann Sie sehr attraktiv, kann er dieses Kraftfeld aus Hass zwar durchbrechen, aber warum Hindernisse in seine Flugbahn stellen? Falls Sie eine solche Saboteurin in Ihrer Runde entdecken, stufen Sie sie lieber in den Status der »guten Bekannten« zurück und gehen ohne sie auf die Jagd.

Die Männerfresserin. Sie sieht Affären als eine Art sportlichen Wettbewerb und ist weder betrunken noch nüchtern abgeneigt, mit Ihrem Freund zu schlafen. Wenn er *wirklich* so scharf auf Sie wäre, würde er Sie ja schließlich nicht betrügen, oder? Die Männerfresserin ist für eine Vogelfangtruppe ausgesprochen ungeeignet, denn sie fühlt sich nur sich selbst verpflichtet. Nehmen Sie diese Frau niemals zu einer Verabredung zu dritt mit! Sie wird sich genüsslich über Ihren Freund hermachen.

MEIN PERSÖNLICHER RAT AN DIE MÄNNERFRESSERIN: Falls Sie selbst so eine Frau sind, kommen Sie ohne Gruppenarbeit aus und können all diese Tipps gut für sich allein gebrauchen. Versuchen Sie bitte, Ihre Macht mit Vernunft einzusetzen. Da Sie dieses Buch lesen, nehme ich an, dass die Aussicht auf die Weltherrschaft bereits etwas an Glanz verloren hat und Sie für ein Happy End bereit sind, das länger als drei Minuten dauert. Hey, es sagt ja keiner, dass Sie es nicht verdienen würden, glücklich zu sein. Aber nehmen Sie den anderen nicht ständig das Spielzeug weg!

Die Spielverderberin. Diese Nörglerin hält jeglichen Versuch, jemanden kennenzulernen, für vollkommen sinnlos. Obwohl sie in jeder anderen Hinsicht eine reizende Person sein kann, verwandelt sich die Spielverderberin beim Thema »Männer« in ein Schwarzes Loch der Negativität. Jede Anstrengung Ihrerseits, sie bezüglich ihres Liebeslebens aufzumuntern, wird durch eine falsche Weiche in ihrem Hirn sofort zum Entgleisen gebracht. Sie hat lieber *Recht* als *Glück.* »Ich würde ja nie mit jemandem ausgehen, den ich in einer Bar kennengelernt habe«, murmelt sie, während Sie Ihren Martini schlürfen und dabei mit zwei attraktiven Männern flirten – in einer Bar. So eine Miesmacherin ist definitiv zu anstrengend, lassen Sie sich von ihr bloß nicht Ihre romantischen Pläne torpedieren.

FRAGE: *Müssen alle Mitglieder des Teams Singles sein?*
ANTWORT: Nicht unbedingt. Auch bereits gebundene Frauen können als Köder dienen, denn Ihre Teammitglieder müssen ja nicht für sich selbst suchen. Tatsächlich traut sich manch verheiratete Frau viel eher, einen riskanten Feldversuch durchzuführen, weil sie nichts zu verlieren hat, außer vielleicht ihren Stolz, aber das ist ihr meist relativ egal, da sie ja schon vergeben ist. (Und verheiratete Frauen genießen es so sehr, ihre Singlefreundinnen zu verkuppeln, dass es schon beinahe krankhaft ist!) Sie sind wie romantische Kamikaze-Flieger, die nichts weiter riskieren als ...
Ihr Glück.

4. PIEP-SHOW –
Die besten Orte,
um Ihr Liebestäubchen
aufzuspüren

Wenn Sie einen Paradiesvogel suchen, werden Sie ihn höchstwahrscheinlich nicht im nächsten Schnellimbiss finden. Erfahrene Vogelbeobachterinnen wissen, dass die gezielte Standortwahl bei einer Flirtexpedition sehr dazu beiträgt, das Liebestäubchen zu erbeuten, das man am meisten begehrt.

Unternehmen Sie zielgerichtete Ausflüge in männerreiche Gegenden vorzugsweise an Wochenendnachmittagen. Abenteuerlustige und engagierte Vogelforscherinnen werden bald feststellen, dass sie mit diesen Expeditionen hervorragende Ergebnisse erzielen. Der Trick besteht darin, abseits der ausgetretenen Pfade zu wandeln. Sind Sie sogar bereit, Ihre heimatlichen Gefilde zu verlassen, werden Sie noch erstaunlichere Möglichkeiten des Männerfangs entdecken.

VORTEIL der Nachmittagsjagd: Ein Mann, der sich für Sie interessiert, wenn Sie Jeans und einen Pferdeschwanz tragen, wird Sie gestylt umso hinreißender finden.*

Männerkennertipp: Durchbrechen Sie Ihre Routine und gehen Sie dahin, wo Männer sind. Eine Erhöhung des Mann-Frau-Quotienten erhöht automatisch Ihre Chancen auf Verabredungen.

Vorbereitung der Expedition

Trommeln Sie Ihr Vogelfangteam zusammen und planen Sie Ihren Feldzug bei einer Runde Cocktails, indem Sie jede Einzelne bitten, ihr bevorzugtes Vogelexemplar zu beschreiben. Überlegen Sie dann, ob Sie Ihre Ziele gemeinsam ansteuern wollen oder ob es besser wäre, Kleingruppen hinsichtlich spezieller Präferenzen zu bilden. Diese Taktik scheint in manchen Fällen angebracht, denn es dürfte beispielsweise schwer sein, einen der heißbegehrten Kondore, die sich ohnehin nur in höheren Sphären herumtreiben, einen der bindungsbesessenen Pinguine und einen der sexuell hochinteressanten, ansonsten aber eher unbedarften Eichelhäher (*siehe* Kleine Vogelkunde im Anhang) am selben Ort anzutreffen.

Folgendes Vokabular sollten Sie sich aneignen, es könnte von Nutzen sein:

Zielobjekte stehen ganz oben auf Ihrer Liste und sind die Männer, auf die Sie besonders fliegen.

* Dies ergaben meine Befragungen unter glücklich verheirateten Expertinnen: Siebenundneunzig Prozent der erfolgreichen Vogelfängerinnen erklärten, beim ersten Zusammentreffen »nur meine Joggingsachen« oder »mein altes, ausgeleiertes Sweatshirt« sowie »keinen Strich Make-up« getragen zu haben. (Allerdings hatten die meisten Lipgloss aufgelegt.)

Zufallsobjekte sind Kerle, die Sie in dieser Umgebung niemals erwartet hätten, etwa Orlando Bloom im Lebensmittelgeschäft um die Ecke.

Zwistobjekte sind ominöse Zielobjekte, die Ihnen trotz unermüdlicher Nachstellung immer wieder entwischen (zum Beispiel die nistbereiten Arten wie der Hausgimpel oder der in manchen Nächten dringend benötigte Puderspecht).

Die besten Vogelschutzgebiete

An folgenden Orten haben Sie freie Bahn, meine Lieben, hier sitzen die Männer so gut wie in der Falle!

1. Baumärkte: Hier können Sie leicht mit einem Mann ins Gespräch kommen; es gibt so viel Unerklärliches und so viele Fragen, die man stellen kann. Falls Mitglieder Ihres Teams auf handwerklich begabte Männer stehen, sollten sie direkt in die Eisenwarenabteilung marschieren.

VORTEIL: Männer, die Sie in Baumärkten treffen, kümmern sich offensichtlich um ihr Zuhause, was es zumindest möglich erscheinen lässt, dass sie auch sonst verantwortungsbewusst oder fürsorglich sind (muss in der Praxis sorgfältig überprüft werden).

Männerkennermanöver: Überlegen Sie, was in Ihrer Wohnung renoviert werden könnte, und bitten Sie einen gutaussehenden Mann, Ihnen mit Schraubenschlüssel, Bohrer, Isolierband und was weiß ich noch allem zur Hand zu gehen. Und dann überlegen Sie sich ein nettes Dankeschön ...

TIPP: Tragen Sie im Baumarkt auf jeden Fall Schuhe mit hohen Absätzen. Das ist ein Befehl.

2. Sportveranstaltungen: Männer spielen gern mit Bällen und lieben es, anderen Männern dabei zuzusehen. Sportstadien sind daher ein wahres Eldorado für Vogelforscherinnen, eine Art Nistplatz der Extraklasse für alle Vogelarten.

ACHTUNG: Sie müssen gewillt sein, sich auf eine Beziehung einzulassen, in der geschmacklose Schals in Vereinsfarben, ganz und gar nicht kulinarische Grillwürstchen und viel, viel Bier eine gewisse Rolle spielen. Im Gegenzug werden Sie immer wissen, wo er sich samstags herumtreibt.

VORTEIL: Sportsvögel verleihen Ihnen automatisch dieses gewisse Cameron-Diaz-Flair, selbst wenn Sie weder eins achtzig noch langbeinig und schon gar nicht blond sind.

Männerkennermanöver:

1. Suchen Sie häufig die Würstchen- und Bierstände auf.

2. Beschaffen Sie sich vor einem Spiel möglichst viel Hintergrundinformation, damit Sie bei Ihrer Konversation mit einem echten Sportfan nicht wie ein dummes Huhn dastehen.

3. Organisieren Sie zu jedem größeren Fußballturnier ein Tippspiel für Ihre männlichen Bekannten oder Kollegen. (Vermutlich werden Sie dabei gewinnen – bei diesen Spielchen schneiden immer die am besten ab, die am wenigsten davon verstehen. Reagieren Sie also souverän.)

3. Das nächstgelegene Fußballfeld: Hin und wieder macht es wirklich Spaß, Männer beim Spielen zu beobachten. Gerissene Vogelkundlerinnen nutzen das Wochenende, um zu sehen, was die Männer in der Nachbarschaft so drauf haben.

VORTEIL: Sie können in aller Ruhe ihre Waschbrettbäuche begutachten, ohne sich selbst ausziehen zu müssen.

> **Männerkennermanöver:** Borgen Sie sich den Hund einer Freundin und spielen mit ihm neben einem Fußballfeld. Nehmen Sie eine Extraflasche Wasser mit für den Fall, dass Sie den Durst eines erschöpften attraktiven Sportsvogels löschen wollen.

4. Buchhandlungen: Auch hier kann man sich ganz hervorragend einen Mann angeln, denn in den verschiedenen Abteilungen einer Buchhandlung lassen sich alle Spezies finden – vom Brillenkauz bis hin zum Prinzenbussard. Klassifizieren Sie sie einfach über die Wahl ihrer Lektüre. (Die gleichen Regeln gelten übrigens für Multiplexkinos.)

> **Männerkennermanöver:** Spazieren Sie ganz gelassen in seine Nähe, blättern rechts und links von ihm in irgendwelchen Büchern und bitten ihn dann um eine Empfehlung.

WARNUNG: Männer, die Bücher lesen, sind häufig schon verheiratet, also hüten Sie sich vor beringten Pinguinen.

5. Tränken: Pfaue, Prinzenbussarde und Buschflöter
schließen sich zu lockeren Schwärmen zusammen
und verbringen ihre Abende in rauschfördernden
Feuchtgebieten, um Weibchen aufzustöbern. Lauschen Sie fröhlich ihrem trunkenen Tschilpen auf
ihrem Weg von einer Trinkstätte zur nächsten.

> **Männerkennermanöver:** Da ich Bar-Hopping ohne-
> hin empfehle, sollten Sie sich für jede Exkursion
> mehrere Anlaufstellen vornehmen. Schon ein
> kurzer Besuch verschafft Ihnen einen guten
> Überblick darüber, welche Sorte Männer jeweils
> welche Trinkstätte anfliegt.

6. Supermärkte: Auch sie sind für Vogelkundlerinnen das
reinste Paradies. Gehen Sie direkt zu den »männerfreund-
lichen« Lebensmittelgruppen. Dazu gehören – fast ausschließlich – Tiefkühlgerichte, Dosensuppen, Limonaden,
Bier, Chips, Süßigkeiten und die Fleischtheke in der
Grillsaison.

7. Kampfsportvereine: Boxclubs und Taekwondo-Schu-
len sind voller muskulöser Kampfadler und durchtrainier-
ter Jagdfalken. Bitten Sie einen dieser Raubvögel, Ihre
Verteidigungstechnik zu trainieren, und lassen Sie sich
von ihm auf die Matte schubsen.

8. Fitnesscenter: Dort versammelt sich eine Vielzahl von
Spezies und bricht in spektakuläres Morgendämmerungs-
gezwitscher aus. Gehen Sie früh auf Vogelsuche, dann sehen Sie, wer motiviert genug ist, sich noch vor der Arbeit
zu stählen.

Vorteil: Frühe Vögel *haben* Arbeit. Den besten Überblick erhält man im Wellnessbereich, denn dort haben sie am wenigsten an.

9. Sportbars und Billardkneipen: Dodos und Puderspechte werden am Billardtisch um Ihre Gunst konkurrieren. In Sportkneipen wird lauthals gelacht und gejohlt, sie sind der ideale Ort für eine lustige Männerfangmission. Auch Bienenfresser, Spaßvögel und Hausgimpel sind dort zu finden.

Tipp: Informieren Sie sich vorher über die Termine wichtiger Spiele, damit der Besuch sich lohnt.

10. Bekleidungsgeschäft: So mancher Mann läuft in der Herrenabteilung völlig verwirrt umher und fühlt sich verloren. Bleiben Sie in Deckung (zwischen den Kleiderständern), während Sie ihn beobachten. Seien Sie wachsam – vielleicht ist er eine Rarität und die Mühe wirklich wert.

> **Männerkennermanöver:** Bitten Sie ihn um Hilfe! Sagen Sie: »Sie sehen aus, als hätten Sie die gleiche Größe wie mein Bruder. Würde es Ihnen was ausmachen, das hier mal anzuprobieren?« Oder: »Gefällt Ihnen dieser Duft? Ich bin mir nicht sicher, ob er männlich genug ist.«

11. Computerfachgeschäft: Hier wimmelt es normalerweise nur so vor Männern – Männern, die nach Steckverbindungen, Dioden, externen Festplatten und sonstigem technischen Firlefanz suchen. Bitten Sie eines dieser potentiellen Turteltäubchen um Hilfe. Vielleicht ist es genau so desorientiert wie Sie, aber das wird es sich bestimmt nicht anmerken lassen. Wie süß!

12. Golf- und Tennisplätze, Squash-Courts: Diese Stätten sind voller Goldstirntrugschmätzer und Eisvögel, also nicht gerade umgänglicher Vogelarten. Aber, wer's mag …

> **Männerkennermanöver:** Bitten Sie einen Glücklichen, Ihren Hüftschwung zu verbessern.

TIPP: Tragen Sie etwas Kurvenlastiges. (Und bedenken Sie, dass Weiß grausam für den Teint sein kann, benutzen Sie gegebenenfalls Selbstbräuner.)

13. Benefizveranstaltungen: Bei dieser Art von gesellschaftlichen Ereignissen tummeln sich meist einige der begehrtesten und ansonsten schwer aufzustöbernden Kondore, aber leider immer wieder auch Pterodactylen, die noch nicht so ausgestorben sind, wie es manchmal wünschenswert wäre.

TIPP: Falls Sie irgendwo ein (notfalls gefälschtes) Bulgari-Collier aufstöbern können, werden Sie bei so einer Veranstaltung mehr Spaß haben.

14. Singlepartys/Partnervermittlungen/Club Med: Eine Vögelexkursion in den Club Med bringt Sie rund um die Welt und erlaubt Ihnen kurzweilige Affären mit tropischen Paradiesvögeln und heißen Langschwanzbuschsängern oder festere Flirts mit Spatzen und Hausgimpeln. (Selbst Silbermöwen sehen in einem exotischen Restaurant sexy aus!)

Über die Tageszeitung und das Internet erfahren Sie (und jede Menge männliche Singles) von Singlepartys an Ihrem Heimatort. Sie könnten, sozusagen als Vogelführer, auch einen professionellen Heiratsvermittler engagieren. Der verlangt für seine Vermittlung zwar Geld, aber ein guter Fang ist im Idealfall jeden Cent wert.

15. Strand: Hier kreisen alle möglichen Arten von Strandvögeln in Scharen. Der beste Monat, um Männchen aller Spezies, Größen, Gewichts- und Altersklassen zu beobachten, ist der Juli.

WARNUNG: Einen Vogel ohne sein Federkleid *(Kleidung)* zu bestimmen, fällt oft schwer, da viele Männchen dann wie eine ganz andere Spezies aussehen.

Männerkennermanöver: Nicht gerade neu, aber immer wieder erfolgreich – öffnen Sie den Verschluss Ihres Bikini-Oberteils und sagen: »Würden Sie mir bitte die Sonnenmilch reichen? Oh, ich komme nicht überall heran ... Könnten Sie mir wohl beim Eincremen helfen?«

16. Striplokale: Diese klassischen Vogelgebiete sollten Sie besser per Fernglas observieren (und eine rosa Perücke aufsetzen). Hier kann beinahe jede Vogelart auftauchen, von verärgerten Hausgimpeln und Spatzen bis hin zu Buschflötern und einer erstaunlichen Vielfalt von Schmutzfinken. Wenn Sie mutig genug sind, Ihre Erkundungen aus nächster Nähe zu betreiben, werden Sie die Vögel direkt am Rand des Laufstegs versammelt finden. Bitten Sie Ihre männlichen Freunde, Sie hinein- *und wieder hinaus*zubegleiten.

ACHTUNG: Er wird eine Frau wollen, die sich gelenkig um die Stange schlingt.

Männerkennermanöver: Eine geschickte Frage wäre: »Können Sie einen Zwanziger wechseln?«

17. Comic-Convention: Falls Sie eine Schwäche für Sonderlinge haben, sind Sie hier am rechten Ort, es wimmelt nur so davon. Vielleicht trägt Ihr Turteltäubchen gerade ein Kostüm, wenn Sie ihm über den Weg laufen, aber jedem das Seine.

TIPP: Verkleiden Sie sich als Wonderwoman, und die Männer werden Sie in Scharen umschwärmen.

18. Veranstaltungen, Ausstellungen, Lesungen, Kurse und Wettbewerbe: Wettbewerbe im Bowling und Fliegenfischen, Rodeos, Revivals von Heavy-Metal-Bands, Segelregatten, Cart-Rennen, Extremsport-Wettkämpfe, wissenschaftliche Vorlesungen, Kapitalmarkt- und Investitionsseminare, Automobil-Ausstellungen … Ich glaube, Sie wissen, worauf ich hinauswill. Schnappen Sie sich die Zeitung und suchen nach Veranstaltungen, an deren Besuch Sie nicht mal im Traum gedacht haben. Wer weiß? Vielleicht entdecken Sie plötzlich Ihre Leidenschaft für das Restaurieren heißer Öfen und lernen dabei einen ebensolchen Typen kennen.

Wenn Sie mit Ihrem Forscherinnenteam losziehen, denken Sie immer daran, Ihre Sichtungen genau zu notieren. Vielleicht schaffen Sie sich ein Tagebuch an, um die Vögel aufzulisten, die Sie in Ihrer Nachbarschaft, in der Stadt oder im Urlaub beobachtet haben. Flirten Sie sich die Seele aus dem Leib und genießen Sie es in vollen Zügen, Männer in ihrer natürlichen Umgebung zu jagen.

5. EXPEDITIONEN INS VOGELREICH

Die folgenden Männerkennermanöver für Feldversuche lassen sich sowohl als Gruppe als auch solo durchführen. Sobald Sie ein paar Mal geübt haben, werden Ihnen die besonderen Tricks in Fleisch und Blut übergegangen sein, was Ihre Selbstsicherheit und Routine steigert. Feldversuche sind sehr amüsant, wenn Sie erst einmal gelernt haben, die Aufmerksamkeit der herumschwirrenden Männer auf sich zu ziehen.

Männerkennermanöver im Felde

Verschaffen Sie sich einen Eindruck aus der Vogelperspektive. Die Bedeutung dieser sehr zeitsparenden Taktik kann ich gar nicht genug betonen. Erklimmen Sie den höchsten Aussichtspunkt – den obersten Treppenabsatz einer Empfangshalle oder den Balkon oberhalb eines Gartens –, um das Gebiet schnell und gezielt nach geeigneten Männern abzusuchen. Im Kino gehen Sie direkt vor die Leinwand, drehen sich suchend um und – voilà! Der ganze Saal sieht Sie an. Sehen und gesehen werden kann also durchaus von Vorteil sein.

Sitzen Sie nie mit dem Rücken zum Raum. Wollen Sie ihn anmachen, müssen Sie ihn anlachen, anders gesagt: Setzen Sie sich mit Ihrer Truppe immer an einen Platz, von dem aus Sie hereinkommende Männer gut im Blick haben, und *niemals* in eine abgeschiedene oder ruhige Ecke. Am besten geeignet ist die Bar oder ein Tisch in ihrer Nähe.

Ihr Forscherdrang darf nicht nachlassen. Stellt ein Mann sich im Gespräch als Blindgänger heraus, gehen Sie so rasch wie möglich zum nächsten Versuch über. Es heißt nicht umsonst »auf Männerjagd gehen«. Stimmen Sie mit Ihren Teamkolleginnen Ihre Zeitpläne aufeinander ab, und planen Sie mindestens drei verschiedene Vogelschutzgebiete ein.

Sehen Sie sich gut um. Sie können immer vorgeben, jemanden zu suchen. (Streng genommen tun Sie das ja auch. Sie wissen nur noch nicht, um wen es sich handelt.) Fangen Sie in einer Ecke des Raumes an und machen einen Rundgang. In überfüllten Räumen sollten Sie dies alle zwanzig Minuten wiederholen.

Sie brauchen Kundschafter. Eine von Ihnen sollte freiwillig die Rolle der Kundschafterin übernehmen. Kundschafter beobachten unstete exotische Vögel und führen verdeckte Ermittlungen durch, die wichtige Informationen liefern und so vor romantischen Selbstmordkommandos bewahren. Die Kundschafterin dreht eine schnelle Runde und gibt bei der Rückkehr einen kurzen Lagebericht: »Vergiss es. Er steht gerade mit einer anderen an der Theke.«

Vergessen Sie die Großraumareale nicht. Hervorragend zur Männerjagd eignen sich auch Foyers, was von unerfahrenen Vogelforscherinnen gern übersehen wird. Seit Einführung der Nichtrauchergesetze gibt es mancherorts auch spezielle Raucherzimmer oder -abteile, und manchmal macht es mehr Spaß, sich dort umzusehen, als in der Bar. (Es sei denn, Sie leiden an Asthma.)

Das Komm-her-Winken®

Sie können Vögel mit äußerst wenig Aufwand in Ihr Nest locken, indem Sie das **Komm-her-Winken**® einsetzen, mein ureigenes, patentiertes Männerlocksystem. Diese kleine Geste wirkt in einem gut gefüllten Raum garantiert auch über längere Distanzen und wird selbst innerhalb eines größeren Männerschwarms bemerkt.

Das Anlocken: Nehmen Sie Blickkontakt mit einem gutaussehenden Mann auf, schauen Sie ihm direkt in die Augen und lächeln, während Sie lockend den Zeigefinger krümmen. Männer finden diese Geste unwiderstehlich, weil sie wunderbar sexy ist und Selbstbewusstsein zeigt; sie werden Ihnen zufliegen wie der Falke der Falknerin.

Der Köder. Wenn er neben Ihnen landet, sagen Sie: »Hübsche Krawatte!« Und dann: „Das ist übrigens meine Freundin Sarah.«

Die Übergabe. Drehen Sie sich zu Ihrer dankbaren Freundin um und sagen: »Ich gehe mal Jenny suchen. Bin gleich zurück.« (Lächeln!)

Der Abflug. Sie lassen die beiden allein. Nun können sie zwanglos Nettigkeiten austauschen, und wenn es nicht funkt, gehen beide wieder ihrer Wege. Und wenn doch – gut gemacht!

Sie können das **Komm-her-Winken®** genauso gut einsetzen, um Männer an Ihre eigene Seite zu locken. Auch wenn sie ein bisschen Überwindung kostet, ist diese Fangtechnik durchweg zu empfehlen: Sie ist einfach, meistens erfolgreich und wirklich lustig. (Außerdem ist sie ein gutes Training für die Domina in Ihnen.)

Liebeslebensrettungsmaßnahmen

Die folgenden taktischen Manöver können nur von einem gut eingespielten Team bewerkstelligt werden. Üben Sie, und das Resultat wird Sie verblüffen.

1. Rückzug des Vogelfangteams
Unermüdlich umkreist eine lahme Ente Ihre Jagdgemeinschaft und schafft es dadurch, andere Männchen abzublocken, die Sie viel lieber um sich hätten. In diesem Fall hilft nur eine taktische Neuformierung nach einem geplanten Rückzug, zum Beispiel ein Standortwechsel an die gegenüberliegende Seite der Theke.

2. Der menschliche Schutzschild

Sollte eines der Mitglieder Ihres Teams einen ausgesprochen heißen Vogel entdecken, den gleichzeitig eine andere Frau zu becircen versucht, formiert sich das Team auf ein verabredetes Kennwort und stellt sich so auf, dass die Sicht zwischen ihrem Zielobjekt und der anderen Frau blockiert wird.

Kümmern Sie sich um seine Freunde. Das Team kreist das Zielobjekt ein und lenkt die Freunde an seiner Seite ab.

Erobern und Teilen. Manchmal lohnt es sich wirklich, selbstlos zu sein. Denn viele heiße Zielobjekte haben zumindest ein oder zwei ebensolche Begleiter.

Männerkennertipp: Lassen Sie es nicht zu, dass lahme Enten Ihr eigentliches Zielobjekt vom Anflug abhalten. Schießen Sie sie schleunigst ab, damit Ihre Landebahn frei bleibt.

6. IMMER SCHÖN DER REIHE NACH

Wenn ein Mann Sie um Ihre Telefonnummer bittet und Ihnen gleichzeitig seine gibt, müssen Sie immer warten, bis er *Sie* anruft. Punkt. Seine Karte zu besitzen kann allerdings insofern von Nutzen sein, als Sie sie genau studieren und so Genaueres über ihn herausfinden können. Geben Sie nach jeder Expedition alle gesammelten Stücke (Karten, Telefonnummern) in einen sterilen Behälter (Aktenhefter). Sie können einige Male mit einem kleinen Zauberstab darüberfahren und sagen: »Möge ein Liebesvogel daraus schlüpfen!« Dann lassen Sie ihn vier Tage brüten, bevor Sie geruhen, ihn anzurufen.

Warum vier Tage, wollen Sie wissen? Warum nicht zwei oder drei? Seien Sie versichert, dass diese Regel nicht auf einer Laune beruht, sondern auf modernsten Erkenntnissen der Vögelforschung. Sehen Sie zum Beispiel die Ergebnisse der letzten Umfrage des Männermagazins »Maxim«:

Wie lange sollte ein Mann warten, bevor er eine Frau anruft, die ihm ihre Nummer gegeben hat?

– Einen Tag	
– Zwei Tage	
– Drei Tage	Antwort:
– Eine Woche	Einen Tag: 44 %
– Über eine Woche	Zwei Tage: 42 %

Viele Frauen verschenken die vortreffliche Gelegenheit, sich einen Mann zu angeln, weil sie dieser männlichen Vorstellung entsprechen. Während Sie sich stets dem Aufmerksamkeitspegel des Mannes anpassen dürfen, sollten Sie niemals sein Anrufmuster übernehmen. Wir wollen Faszination verbreiten, nicht vorhersehbar sein. Bringen Sie seine Selbstsicherheit ruhig ein wenig ins Wanken, indem Sie ihm genug Zeit geben, sich zu fragen, ob Sie seine Nummer verloren, ihn nur veräppelt oder ihn ganz und gar vergessen haben.

Rufen Sie ihn am vierten Tag zwischen 14 und 17 Uhr an. Es ist unklug, einen fremden Vogel morgens oder spät am Abend anzurufen. Respektieren Sie seine Privatsphäre. Telefonieren Sie also lieber am Nachmittag mit ihm, dann wird er seine Arbeit gut im Griff haben und nicht hungrig sein. (Es ist immer falsch, einen Mann zu überraschen, der noch nicht gegessen hat, es sei denn, Sie sind nackt oder können ihm sonst etwas Essbares anbieten.)

GRUNDREGEL: Sie rufen nur an, um »Hallo« zu sagen! Geben Sie ihm die Chance, um eine Verabredung zu bitten, wenn er das denn will.

Vögelflüstervorschlag:

»Hallo, Tim. Hier ist Lucy, die Frau, die du neulich vor tödlicher Langeweile bewahrt hast. Wie geht's denn so?«

Glückwunsch! Sie haben Ihm den Ball zugespielt, und er sollte ihn direkt zurückwerfen. Falls es irgendetwas Lustiges zu erzählen gibt, tun Sie es.

Nach etwa zwei Minuten freundlicher Plauderei beenden Sie das Gespräch mit den Worten: »Ich muss jetzt los, aber es war nett, mit dir zu reden.«

Und nun kommt der Moment der Wahrheit.

Der Glücksvogel wird die Gelegenheit beim Schopf packen und sich *freuen*, von Ihnen zu hören. Vielleicht sagt er sogar, er habe schon an den Ort Ihrer Begegnung zurückkehren wollen in der Hoffnung, Sie dort erneut zu treffen – dann kann man nur sagen: Gut gemacht, Sie haben ihn so gut wie in der Falle! Der Glücksvogel wird Sie nicht wieder entwischen lassen und ein echtes, romantisches Rendezvous vorschlagen, beispielsweise zum Abendessen.

Manchmal gerät man allerdings versehentlich an einen flügellahmen Vogel:

Der Komatrinker scheint Probleme zu haben, sich überhaupt an Sie zu erinnern. Falls er Sie nach mehreren Hinweisen immer noch nicht einordnen kann, sagen Sie: »Oh, ich verstehe Sie nicht ... Wie bitte? ... Tut mir leid, ich bin wohl in ein Funkloch geraten ...« und legen schnell auf. Das ist keinesfalls unhöflich. Immerhin hat er mit Ihnen geflirtet und Ihnen seine Nummer gegeben, und nun tut er so, als erinnere er sich nicht mehr an Sie. Verschwenden Sie keine weitere Sekunde an den Typen! Dieser Mann braucht kein Rendezvous, sondern einen Entzug.

Der Eisvogel zwitschert leichtfertig herum, ohne Sie nach Ihrer Telefonnummer oder einem Termin für eine Verabredung zu fragen, weil er verheiratet oder sonst irgendwie blockiert ist und nun – nüchtern – voller Reue.

Männerkennerwissen: Wenn ein Mann sich für den Anruf bedankt, ohne ein Wiedersehen zu forcieren, hat sich der Fall erledigt.

Vögel auf dem Drahtseil

Wenn Sie ein neues Mitglied Ihres Vogelschwarms anrufen, beachten Sie unbedingt folgende Regeln:

Der Mantel des Schweigens. Rufen Sie das Männchen in der ersten Annäherungsphase nur von Montag bis Donnerstag an. Einen Mann, mit dem Sie keinen Sex haben, sollten Sie niemals an einem Freitag, Samstag oder Sonntag anrufen, es sei denn, er ist schwul oder Steuerberater.

Rufnummerunterdrückung. Falls Sie nervös sind, können Sie durch Vorwahl von *31# (bei Handys: #31#) die Anzeige Ihrer Rufnummer einmalig unterdrücken. Dann können Sie im schlimmsten Fall einfach aufhängen, und niemand wird wissen, wer's war.

Das große Flattern. Selbst erfahrene Vogelforscherinnen können zeitweilig in pubertäres Verhalten zurückfallen und plötzlich den Hörer auflegen (auch als Ach-du-meine-Güte-Reflex bekannt). Lassen Sie sich deshalb keine grauen Haare wachsen. Das passiert erwachsenen Frauen überall auf der Welt. Rufen Sie erneut an, sobald Sie sich wieder gefasst haben, und sagen:»Hallo, Paul. Ich habe vorhin schon mal versucht, dir eine Nachricht zu hinterlassen, aber dann kam mir ein Anruf auf der zweiten Leitung dazwischen. Wie geht's dir denn?«

Rückruf. Rufen Sie einen Mann nur dann umgehend zurück, wenn es um eine konkrete Verabredung geht. Andernfalls warten Sie mindestens ein paar Stunden oder sogar bis zum nächsten Tag. Schließlich sind Sie ungemein gefragt! Falls nicht, tun Sie wenigstens so, als ob.

Rufumleitung an die Mailbox. Ich kann Ihnen nur raten, Ihr Handy (oder Telefon) so einzustellen, dass Sie einen ankommenden Anruf sofort an die Mailbox weiterleiten können. Wenn Sie also seine Nummer im Display sehen, im Moment aber zu erschrocken oder aufgeregt sind, um ganze Sätze hervorbringen zu können, lassen Sie ihn auf die Mailbox sprechen und rufen zurück, sobald Sie Ihre kommunikative Hyperventilationsphase (die moderne Form des Ohnmachtsanfalls) überwunden haben.

7. MÄNNLICHES BALZVERHALTEN

Die ersten Verabredungen sollten locker, lustig und romantisch sein. Der Mann sollte Plätze oder einen Tisch reservieren lassen, Sie pünktlich abholen und sich bemühen, Sie im Verlaufe des Abends kennenzulernen, ohne Sie allzu penetrant auszufragen. Wenn er von dieser bewährten Vorgehensweise abweicht, sollten bei Ihnen die Alarmglocken schrillen. Ein Mann gewinnt die Zuneigung einer Frau durch Besonnenheit sowie beständige Aufmerksamkeit. Beim ersten und auch bei allen nachfolgenden Rendezvous sollte ein Mann Ihnen zeigen, dass er Sie mag und schätzt.

Männerkennerwissen: Männer investieren in alles, was es ihnen wert erscheint, mit den ihnen zur Verfügung stehenden Mitteln: Geld, Kreativität, Energie und/oder Enthusiasmus. Tun sie es nicht, müssen Sie Ihre Schlüsse daraus ziehen.

Achten Sie stets darauf, ob er erst vorsichtig den einen, dann den anderen Flügel in die Luft reckt, um ihre Zuneigung zu gewinnen, oder ob er sich sofort im Sturzflug nähert. Falls er Verabredungen arrangiert, die auf beleidigende Weise unverbindlich sind, falls er Ihnen keine Komplimente macht beziehungsweise Ihre offensichtlichen Stärken nicht als solche zu erkennen weiß und Ihnen gegenüber nicht aufmerksam ist, sind das deutliche Zeichen dafür, dass er Ihnen seine Anerkennung verwehrt. Scheuchen Sie ihn mitsamt seiner glanzlosen Vorstellung ohne weiteres Zögern aus Ihrem Nest. Sie werden ihn nicht vermissen.

Siehe Eisvogel, Spottdrossel und Stummer Strauchrohr-sänger

Männerkennerwissen: Was und wie ein Mann einen Abend für Sie plant, verrät, was er für die Zukunft mit Ihnen plant.

Lange Vorlaufzeit. Der umsichtige Mann ruft früh genug an. Er weiß, dass Sie eine zu begehrenswerte Frau sind, um viel freien Platz in Ihrem Terminkalender zu haben, und will sichergehen, dass ein Teil dieser wertvollen Zeit für ihn reserviert ist.

Planung und Vorbereitung. Es ist immer ein gutes Zei-chen, wenn der Mann einen Tisch reserviert hat. Es be-weist, dass er nicht einfach improvisiert, sondern gut organisiert ist, an Sie denkt, im Voraus plant und Verein-barungen einhält. Hüten Sie sich vor hilflosen Männern, die mit weinerlicher Stimme fragen, was *Sie* denn machen wollen. Ihnen fehlt es entweder an Testosteron oder Motivation – oder sie wollen einfach nur Sex mit Ihnen und dann weiterziehen.

Männerkennerwissen: Bleiben Sie ihm gegenüber besser reser-viert, wenn er nicht reserviert.

Bei der Fragestellung, wer bezahlt, sollten Sie Fol-gendes bedenken: Für die erste Verabredung inves-tieren Frauen eine ganze Menge: Wachsen der Bikinizone *(schmerzhaft)*, Besuch bei Kosmetikerin und Friseur *(zeitraubend!)*, Dessous *(kostspielig)* und Pilates *(hoffnungslos überteuert)*. Das Mindeste, was ein Mann tun kann, ist, Sie abzuholen und einzuladen.

Der Liebesvogel landet zur verabredeten Zeit vor Ihrer Tür. Es zeugt generell von schlechten Manieren, wenn ein Mann eine Frau warten lässt, ganz besonders jedoch bei der ersten Verabredung. Bei mir führt das oft zu einer Kleiderkrise, denn wenn er zu spät kommt, ziehe ich mich immer wieder von neuem um – bis ich ihm schließlich halbnackt die Tür öffnen muss. Es liegt auf der Hand, dass an dieser peinlichen Situation ganz allein er schuld ist.

Einmal klingelte ein Mann, mit dem ich verabredet war, ganze zweiundzwanzig Minuten zu spät an meiner Tür, sah mich mit großen Augen an und besaß tatsächlich die Frechheit zu fragen: »Wollen Sie etwa in einer Off-Broadway-Show auftreten?«

VORTEIL: Es war sofort klar, wie es um unsere Chancen einer gemeinsamen Zukunft bestellt war.

Nein, wirklich: Wenn ein Mann es schafft, pünktlich zur Arbeit zu erscheinen und sich rechtzeitig zu einem Fußballspiel vor den Fernseher zu pflanzen, kann er auch termingerecht an Ihrer Tür klingeln.

Trotzdem gilt: Obwohl Männer immer pünktlich sein sollten, ist es Frauen durchaus erlaubt, sich ein wenig zu verspäten. Männer wissen über das Problem der Kleiderkrise Bescheid.

8. DER BALZTANZ

Im Vogelreich plustert sich das Männchen auf und stolziert mit seinem prächtigen Gefieder hin und her, um die Aufmerksamkeit des Weibchens zu wecken. Dieser Balztanz ist ein ausgefeiltes Ritual.

Vogelkennerwissen: Haben Sie sich je gewundert, warum das Rad des Pfaus so viele Augen hat? Der Pfauhahn will, was alle wollen! Die Pfauhennen sind von den vielen großen Augen, die sie permanent anstarren, so fasziniert, dass sie in eine Art Hypnosezustand verfallen und es dem Männchen auf diese Weise erleichtern, sie zu bespringen. Je mehr und je größere Augen er also auf seinem Schwanz hat, desto unwiderstehlicher ist er für das Weibchen.

Dasselbe gilt für Männer: Sie versuchen, Sie mit exotischen Restaurants zu beeindrucken, Sie mit Hilfe von Alkohol zu verführen, und erfinden fadenscheinige Gründe, um Sie anschließend noch zu sich nach Hause zu locken. Ihr männliches Gehabe ist ein Paarungsritual, das ihnen ihr Instinkt vorschreibt (selbst wenn sie versuchen, es unter Gucci-Anzügen zu verbergen).

Männerkennerwissen: Ein Mann, der nicht versucht, Sie – auf welche Weise auch immer – zu beeindrucken, ist von Ihnen nicht sonderlich beeindruckt.

Wenn sie alle Register ziehen oder Das männliche Bedürfnis nach Anerkennung

Wenn ein Mann in den »Bindungsmodus« wechselt, beginnt er automatisch, alle Register zu ziehen. Er erzählt Ihnen, wie er seinen Gegenspieler bei der Aufsichtsratssitzung regelrecht vernichtete, eine nordische Invasion von Cross-Country-Skiläufern in Aspen elegant überholte oder den fünf Jahre jüngeren Kollegen beim Firmenlauf mit links abhängte. Solche Prahlereien sind durchaus kein Zeichen von Schwachsinn, sie sollen seine Männlichkeit und seine Macht über die anderen Männchen demonstrieren – *und das nur, um Ihnen zu gefallen.*

Mit anderen Worten: »Bittebittebitte, NIMM MICH!« Nehmen Sie es einem Mann also nicht übel, wenn er in Sachen Selbstdarstellung etwas übertreibt. Und verwechseln Sie sein Aufplustern nicht mit Unsicherheit, tatsächlich macht er Ihnen damit ein riesiges Kompliment.

Ihr Männchen führt zu Ihrem alleinigen Vergnügen ein uraltes männliches Balzritual vor und plustert sich dabei immer mehr auf. Er will zeigen, dass Sie die richtige Wahl treffen, wenn Sie sich für ihn entscheiden. Dieses prahlerische Gegockel kann man durchaus mit dem Hochzurren des BHs vergleichen, das ein Weibchen vornimmt, um ihr Dekolleté so in Szene zu setzen, dass es selbst von einem blinden Huhn nicht übersehen werden könnte. Sie sollten sich also freuen und seine Vorstellung genießen.

Falls es Sie irgendwann langweilt, seinen Lobeshymnen auf sich selbst zu lauschen, halten Sie einfach noch ein bisschen aus, bis er endlich bei Ihrem tollen Hintern und langen Beinen angekommen ist. Dann wird Tacheles geredet.

Hüten Sie sich jedoch grundsätzlich vor Männern, die mit Geld um sich werfen. Reiche Männer setzen Geld und Luxus oft anstelle echter Nähe und wahrer Gefühle ein.

Lockrufe und Liebeslieder

Männer sind visuell orientierte Kreaturen. Komplimente über Ihr Outfit und Ihre Figur sind erste Anzeichen dafür, dass ein Mann sich von Ihnen angezogen fühlt. Selbst wenn es natürlich nicht der einzige Weg ist, auf dem er seine Wertschätzung zum Ausdruck bringt, gehören diese Signale bei den meisten Arten zum Balzritual dazu und sind sozusagen instinktiv gesteuert. Gibt ein Mann Ihnen auf diese Weise allerdings gar keine Bestätigung, dann sagt das auch etwas ... *über ihn und seine Verführungskünste.*

Der Komplimentenknauserer alias Stummer Strauchrohrsänger. Es gibt einige seltsame Vögel, die sich stur weigern, Komplimente zu verteilen. Diese Männer fühlen sich möglicherweise so sehr von Ihnen angezogen, dass sie nicht in der Lage sind, das auch noch zuzugeben, weil sie sich dann völlig ausgeliefert wähnten. Statt Ihnen also schöne Lieder zu zwitschern, neigt diese Art dazu, stets ein wenig an Ihnen herumzumäkeln. Dieser Mangel an Großmut deutet auf geringes Selbstwertgefühl hin und lässt allerlei Schwierigkeiten vorausahnen.

Ein weiterer stiller Typ ist der **Stumme Elfensänger**. Er betet Sie an, ist allerdings entsetzlich schüchtern. Da er sich schwertut, ein Loblied auf Sie zu singen, kompensiert er diese Schwäche durch viel liebevolle Zuwendung. Im Gegensatz zum Stummen Strauchrohrsänger geben diese Vögel oft gute Ehemänner ab, also achten Sie auf die Unterschiede zwischen den beiden Sängerarten und verwechseln Sie sie nicht.

Der Profisänger. (*siehe* Die Nachtigall) Dieser Süßholzraspler beherrscht die Kunst der Komplimente wirklich meisterhaft. Es ist wundervoll, dem Lobgesang einer Nachtigall zu lauschen, aber erwarten Sie nicht allzu viele Zusatzvorstellungen seiner erregenden Arien, da er oft ein geschickter und vielbeschäftigter Schürzenjäger ist.

Wie Sie erkennen, ob Sie umworben oder aufs Kreuz gelegt werden

In diesem Fall macht nicht der Ton die Musik, sondern der Text. Trillert er in dieser Richtung: »Du bist so schön, so eine großartige Persönlichkeit, so unvergleichlich in jeder Beziehung, aufregend und über die Maßen klug!«, können Sie davon ausgehen, dass sich eine gewisse Begeisterung für Ihr Wesen bei ihm breitgemacht hat. Sind seine Komplimente durchweg sexueller Natur, sind es im Grunde keine Komplimente, die Sie persönlich nehmen sollten, sondern lüsterne Signale dafür, dass er paarungsbereit ist. Auch diese Art der Nachtmusik kann reizvoll sein, genießen Sie sie also, wenn Sie wollen. Lassen Sie es immer zu, dass man Ihnen schöne Lieder singt, verwechseln Sie sie aber bitte nicht mit Liebesliedern! Dieser Vogel will seinen Spaß.

Wie zum Beispiel jener Mann, der zu mir sagte: »Baby, ich will schlimme Sachen mit dir machen, die dir ganz bestimmt gefallen.« Ich muss zugeben, dass er recht hatte.

9. ETIKETTE IN DER VOLIERE –
Was man tun und lassen sollte

Wenn Sie im Umgang mit Vögeln immer brav folgende Verhaltensregeln beachten, werden Sie in kein Desaster stolpern.

1. Trinken Sie nicht zu viel. Bleiben Sie immer nüchtern genug, um den Charakter Ihres Gegenübers einschätzen zu können. Wenn Sie mit »B-52s«, »Don Promillos«, »Kamikazes« oder ähnlich leckeren Schweinereien anfangen, enden Sie womöglich auf der Rückbank seines Autos mit dem Rock über Ihrem Gesicht. Üben Sie Enthaltsamkeit, und nehmen Sie bei der ersten Verabredung niemals mehr Drinks zu sich, als Sie ganz sicher vertragen können. Wie, um alles in der Welt, wollen Sie sonst Ihren Vogel beobachten und feststellen, ob er der Richtige für Sie ist?

> **Männerkennermanöver:** Sie sollten immer nüchtern genug bleiben, um sich am nächsten Tag noch an Ihre Schamlosigkeiten erinnern zu können.

2. Sprechen Sie nicht über Ihre intimsten Probleme. Therapeuten bekommen vor Aufregung glänzende Augen, wenn Sie von alkoholabhängigen Verwandten erzählen oder wie sehr Sie sich von Bakterien in öffentlichen Toiletten bedroht fühlen. Der typische Mann hingegen wird einfach nur entsetzt sein. Mit solch bizarren Bekenntnissen kontaminieren Sie den heiligen Luftraum der »romantischen Mußestunden«, und so etwas ist in einem Restaurant etwa so angebracht wie das Sortieren ungewaschener Wäsche. Falls Sie dazu neigen, diesen eklatanten Fehler in der romantischen Annäherung zu begehen, brauchen Sie einen Therapeuten, keinen Freund.

Männerkennermanöver: Sich selbst kennen Sie bereits gut genug. Behalten Sie Ihre Probleme für sich und lernen ihn kennen.

3. Machen Sie keine abfälligen Bemerkungen über das Verabreden an sich. Warum sollte ein Mann mit einer Frau ausgehen, die im Grunde keine Lust dazu hat? Ihre Verführungsversuche werden denkbar ineffektiv, wenn Sie Ihre Enttäuschung über vorherige Misserfolge bei Verabredung Nummer drei abladen. Nach Ihren Klagen über unerquickliche Rendezvous wird er unweigerlich fragen: »Bist du in Therapie?«

Männerkennermanöver: Seien Sie eine romantische Herausforderung – und keine Geduldsprobe.

4. Verschrecken Sie ihn nicht. Machen Sie Ihren Verehrer nicht auf Ihre körperlichen Unzulänglichkeiten aufmerksam. Tragen Sie diese Art von Klagen nur den Leuten vor, die tatsächlich etwas dagegen tun können, und nicht solchen, die irgendwann mit Ihnen schlafen sollen und von nun an gezwungen sind, Sie anzulügen. Kosmetikerinnen, Fitnesstrainer, Friseurinnen, Schönheitschirurgen und Dessousverkäuferinnen gehören zu der Armee von Spezialisten, die sich gern in Diskussionen über Ihre »Problemzonen« oder Ihre pathologisch negative Selbsteinschätzung verwickeln lassen. Aber ACHTUNG: Haben Sie Ihren Verehrer erst einmal auf den kleinen Leberfleck hingewiesen, den Sie verabscheuen, wird es ihm unmöglich sein, ihn zu übersehen – und das *für immer*. Und das kann eine *sehr* lange Zeit sein.

Gut zu wissen: Elle McPherson wurde mal gefragt, ob sie gern irgendetwas an ihrem Körper verändern würde. »Ich wünschte, ich hätte schönere Nagelbetten!«, antwortete sie. Zu meinem großen Bedauern habe ich das nie vergessen. Ich will wirklich alles andere, als über Elle McPhersons Nagelbetten nachdenken, aber jetzt sind sie *für immer* in mein Gehirn eingebrannt und in Ihres nun ebenfalls. Denken Sie also daran: Selbstvertrauen ist sexy.

Männerkennermanöver: Hindern Sie manche Gedanken daran, Ihr Inneres zu verlassen.

5. Reden Sie nicht schlecht über Exfreunde. Ganz egal, ob er Sie bei Ihrer Geburtstagfeier mit Ihrer Schwester betrogen hat – waschen Sie nie die schmutzige Wäsche Ihrer Exfreunde. Bestenfalls klingen Sie verletzt, schlimmstenfalls unerreichbar, als könnte man es Ihnen nie recht machen. Enthüllen Sie Ihre Geheimnisse, wenn Sie in Hawaii am Strand liegen oder, noch besser, verlobt sind. Dann, aber wirklich erst dann, sollten Sie langsam anfangen, Farbe zu bekennen.

Männerkennermanöver: Jeder schleppt seine Altlasten mit sich herum. Lassen Sie Ihre bei den ersten Verabredungen zu Hause.

6. Zeigen Sie keine Achillesferse. Falls Sie sich gerade von Ihrer Nymphomanie erholen oder für immer den Spielautomaten abgeschworen haben, behalten Sie das ebenfalls erst einmal für sich. Aufgrund meiner Erfahrungen kann ich sagen, dass jeder halbwegs amüsante und interessante Mensch für gewöhnlich ein oder zwei Leichen im Keller hat. Der Zeitpunkt, seine Schwachstellen gegenüber einem Mann zu offenbaren, will mit viel Bedacht gewählt sein. Sicher wird es irgendwann so weit sein, sich ihm anzuvertrauen – aber um Himmels willen nicht zu früh! Und wenn Sie umgekehrt einen Mann zu offenherzig davor warnen, welche Verhaltensweisen Sie bei anderen absolut verabscheuen, wird er seine schlechten Gewohnheiten oder gar Abhängigkeiten einfach unter den Teppich kehren. Entweder er macht sich gleich aus dem Staub, oder er spielt Ihr Spielchen mit, um Sie ins Bett zu kriegen oder, noch schlimmer, zu ehelichen. Wenn er dann in den Flitterwochen die Minibar leer säuft und sturzbetrunken ins Bett fällt, fallen Sie aus allen Wolken.

Männerkennerwissen: Männer hassen es, eine Abfuhr zu erhalten. Stattdessen verheimlichen sie lieber die von Ihnen verachteten schlechten Angewohnheiten, damit sie Sie verführen und danach selbst abservieren können.

Denken Sie daran: Es ist leichter, eine Affäre beim dritten Rendezvous zu beenden als im dritten Jahr. Lassen Sie ihn seine Schwächen selbst enthüllen, ohne dass Sie nachhelfen.

Männerkennermanöver: Entblößen Sie Ihre Achillesferse nicht zu schnell, sonst schießen Sie sich am Ende nur selbst in den Fuß.

7. Jagen Sie dem Vogel nicht nach. Nehmen Sie einem Mann niemals das Vergnügen der Jagd. Außerdem macht es *riesigen* Spaß, gefangen zu werden! Eine Frau kann das erste Rendezvous herbeiführen, aber danach liegt es – zumindest scheinbar – am Mann zu entscheiden, ob er tatsächlich ein Nest bauen will. Kokettieren Sie, spielen Sie, aber überlassen Sie es ihm, zum Angriff überzugehen, also die Beziehung auf die nächste Stufe zu bringen. Ganz unabhängig davon, mit welchen subtilen Manövern Sie ihn in die Falle locken, sollten Sie ihm immer das Gefühl vermitteln, dass es seine Idee war, Sie vor den Altar zu jagen.

Männerkennermanöver: Wenn Sie Männer locken, anstatt sie zu jagen, fliegen sie seltener davon.

8. Schnattern Sie nicht so viel. Fühlen Sie sich nicht gezwungen, jede Sekunde mit banalem Gezwitscher zu füllen. Wenn das Gespräch für einen Moment stoppt, geraten Sie nicht in Panik, sondern lassen es einfach geschehen. Natürliche Pausen sind sehr sexy, und Körpersprache kann so viel mächtiger sein als Worte. Lächeln Sie und atmen bedächtig ein und aus – und seien Sie nicht überrascht, wenn er inmitten einer derart emotionsgeladenen Pause plötzlich sagt: »Ich bete dich an! Küss mich!«

Männerkennermanöver: Manchmal ist weniger mehr.

9. Werden Sie nicht ausfallend. Es ist leicht, nett und unterhaltsam zu sein, wenn wir uns amüsieren, aber unser wahres Gesicht zeigen wir, wenn wir uns langweilen, oder schlimmer, schlecht behandelt werden. Es bringt nichts, sich durch ein verdrießliches Rendezvous zu quälen; wenn es also allzu schrecklich wird, machen Sie sich schnell und anmutig davon, ohne unhöflich zu sein. Sagen Sie: »Tut mir leid, Jerome, aber mit uns klappt es nicht. War sehr nett, dich kennenzulernen, aber jetzt ist es Zeit für mich, nach Hause zu gehen.« Dann lächeln Sie und fügen hinzu: »Mach's gut.«

Männerkennermanöver: Wenn Sie schon bei der ersten Verabredung keinen Spaß haben, fliegen Sie lieber gleich davon!

10. DEN PIEPMATZ BECIRCEN –
Das Handwerkszeug
für ein gelungenes erstes Rendezvous

Der häufigste Fehler, zu dem Frauen bei der Männerjagd neigen, ist das Gegenstück zum stümperhaften »Spontankauf«. Die meisten Frauen handeln mit weitaus mehr Bedacht und Verantwortungsbewusstsein, wenn sie sich eine Jeans aussuchen, als wenn es um den passenden Mann geht. Selbst die vernünftigste Frau schlägt alle Vorsicht in den Wind, sobald ein würdiger Mann für das Wertvollste gefunden werden soll, das sie zu vergeben hat: ihre Zeit, ihr Herz und möglicherweise ihre Zukunft!

Daher ist es unerlässlich, vom ersten Rendezvous an präzise Vogelforschung zu betreiben und alle erforderlichen romantischen Erkenntnisse zu sammeln. Nur so lässt sich vermeiden, dass Sie tollwütige Aasgeier mit gesunden, prächtigen Männern verwechseln.

Was Sie bei der ersten Verabredung auskundschaften sollten:

– seine momentane Verfügbarkeit als Partner.
– ob er Bindungsängste hat.
– seine Einstellung zur Ehe.
– wissenswertes über vorherige Beziehungen und die Gründe ihres Scheiterns.
– was er von einer Beziehung erwartet.
– wie groß Ihre Chance auf zukünftiges Glück mit ihm ist.

Habe ich da hinten gerade jemanden frotzeln hören, dass man all diese Informationen keinesfalls bei einer ersten Verabredung bekommt (und oft noch nicht einmal während einer mittelfristigen Beziehung)? Wenn Sie meinem Männerkennerplan folgen, wird Ihr Gegenüber nicht nur seine intimsten Geheimnisse mit Ihnen teilen, er wird sich auch noch gut dabei fühlen.

Verschaffen Sie sich eine gute Ausgangsposition

Ihr erstes Rendezvous, Sie haben gerade ein Glas Mineralwasser bestellt. Er sieht echt gut aus, denken Sie. Der könnte mir wirklich gefallen! Lassen Sie sich jetzt nicht durch ungerichtetes Geflirte auf Abwege führen, sondern ergreifen Sie die Gelegenheit beim Schopf, um mit einigen spielerischen Fragen wichtige Erkundigungen einzuholen.

FRAGE: *Gefällt dir deine Arbeit?*
Diese »harmlose« Frage wird jede Menge nützlicher Information über seine finanzielle und emotionale Stabilität enthüllen. Ist er stolz auf seine Position und Arbeitsleistung, wird er gern ausführlich darüber erzählen. Wenn nicht, wird er der Frage schnell ausweichen.

FRAGE: *Hast du dich in letzter Zeit um etwas gekümmert, das Luft zum Überleben braucht?*

Wie etwa Haustiere, Kinder, Pflanzen oder Exfrauen. So erfahren Sie, ob er zuverlässig und verantwortungsbewusst ist oder lieber unabhängig bleibt.

FRAGE: *Warst du jemals mit einer Wählerin einer konservativen Partei im Bett?*
Falls Ihnen die politische Einstellung wichtig ist, sollten Sie lieber herausfinden, ob Sie im selben Schwarm fliegen. Bei einer so reizvollen Frage wird er gern erläutern, auf welcher Seite er steht.

FRAGE: *Hast du Lust auf einen Daumenkampf?*
Das ist eine gute Möglichkeit, auf lockere, lustige Weise in Körperkontakt zu treten. Außerdem können Sie so testen, ob er ein Spielverderber ist oder Sie gewinnen lässt, ob er vorsichtig oder grob ist, ob er Selbstvertrauen besitzt und ob er schöne, starke Hände hat.

Sie sollten diese Fragen auswendig lernen und bei einer der folgenden Männerfangübungen stellen.

Formationsflug

1. Spielen Sie »Spiegel«. Folgen Sie ihm wie dem Anführer eines Vogelschwarms und spiegeln seine Körperhaltung und seine Bewegungen.
BEISPIEL: Sie sitzen einander bei einem Drink gegenüber. Beugt er sich vor, machen Sie es ihm einige Sekunden später nach und beugen sich ebenfalls vor. Lehnt er sich zurück, lehnen auch Sie sich allmählich zurück. Das Ganze ist ein Kinderspiel, und nach einer Weile wird er sich mit Ihnen sehr wohl und entspannt fühlen.
Paare, die sich lieben, tun all das automatisch, ohne dar-

über nachzudenken. Sie harmonieren so gut, weil sie auf diese Weise den ganzen Tag lang miteinander verbunden sind, fast wie beim Sex.

2. Imitieren Sie seine Sprechweise. Sobald Sie in Ihren Bewegungen harmonieren, ahmen Sie auch sein Sprechverhalten nach. Wenn er munter zwitschert, tun Sie es auch. Wird seine Erzählung melodiöser, singen auch Sie in derselben verführerischen Tonart.

3. Atmen Sie im selben Rhythmus wie er. Männer reagieren wie hypnotisiert, wenn Sie diese einfache, aber wirkungsvolle Übung des Tantra-Yoga ausführen. Orientieren Sie sich dabei am Heben und Senken seiner Schultern oder seines Brustkorbs.

4. Anlegen, zielen, schießen! Sie imitieren nun also seine Körperhaltung, seine Sprechweise und seine Atmung. Aber um auch Ihre Herzen in Einklang zu bringen, müssen Sie noch einen Schritt weiter gehen. Sehen Sie ihm tief in die Augen und atmen langsam ein. Versuchen Sie, einige Sekunden länger Augenkontakt zu halten, als Sie es normalerweise tun würden.

Falls es zu intensiv wird, brechen Sie den Augenkontakt ab. Vielleicht müssen Sie dabei verlegen lachen, aber keine Bange: Diese Übung kann auch die abgebrühteste Frau zum Erröten bringen! Er wird diese Demonstration weiblicher Hingabe sexy finden und denken, *er* hätte das alles bei Ihnen ausgelöst.

Normalerweise wird der Mann nicht merken, dass Sie ihn imitieren, und wenn doch, wird er die Harmonie zwischen Ihnen darauf zurückführen, dass er Sie für eine Gleichgesinnte hält, oder glauben, dass Sie ihm die Führung überlassen. Er wird nicht merken, dass in Wahrheit *er* derjenige ist, der geführt wird.

Männerkennerwissen: Ein Mann sieht gern alles als eigenes Verdienst an. Dies ist die perfekte Gelegenheit, ihn in seinem Glauben zu bestärken!

Verzauberungstechniken

Atmen Sie ruhig und lächeln Sie. Wann immer Sie nervös werden, atmen Sie einfach drei Mal hintereinander tief und ruhig ein und aus. Die ersten beiden Male blicken Sie zur Seite, aber beim dritten Mal sehen Sie ihn dabei an und lächeln zaghaft. Das wird ihn betören!

Ziehen Sie seine Aufmerksamkeit auf sich. Jede betont träge Bewegung fasziniert. Sie könnten ganz langsam und bedächtig Ihre Serviette auf den Schoß legen und glattstreichen oder ganz langsam aus Ihrem Glas trinken und ihm dabei in die Augen sehen. Sie könnten sich mit der Zunge über die Lippen fahren oder eine Haarsträhne um den Finger drehen. Gesten dieser Art werden ihn fesseln.

Zeigen Sie ihm, dass Sie ihn attraktiv finden. Geben Sie ihm kleine zärtliche Signale. Legen Sie zum Beispiel eine Hand auf seinen Arm, erwidern Sie sein Lächeln oder streifen Sie ihn (mit Absicht) aus Versehen. Er wird Ihre Botschaft verstehen und erwidern, indem er Ihre Hand nimmt, näher an Sie heranrückt … und noch näher …

ANMERKUNG: Der Formationsflug funktioniert in der ersten, aber auch in späteren Phasen Ihrer Beziehung. Wann immer Sie über etwas Wichtiges reden müssen, werden diese geheimen Manöver sein Herz öffnen und seine Bereitschaft zum gemeinsamen Davonfliegen erhöhen.

Männerkennerwissen: Denken Sie daran: Gleich und Gleich gesellt sich gern.

Ziervögel

Nun, da Sie seine ungeteilte Aufmerksamkeit genießen, streichen Sie ihm über das hübsche Federkleid und singen ihm ein Loblied.

Unerfahrene Vogelforscherinnen machen häufig den Fehler, dem Mann an ihrer Seite keine Bewunderung zukommen zu lassen. Ob er nun ein Kondor oder ein Hausgimpel ist – Ihr Vogel wird wie mit Adleraugen auf die Zeichen Ihrer Verzückung warten (ist übrigens andersrum meist genauso). Er will schlichtweg wissen, ob Sie ihn begehrenswert finden.

Männerkennerwissen: Männer brauchen Bewunderung. So einfach ist das.

Ihr Gegenüber möchte das Gefühl haben, Ihren Ansprüchen gerecht zu werden. Wenn er es für unmöglich hält, Sie zu beeindrucken, oder schlimmer, merkt, dass Sie ihm Ihre Anerkennung vorenthalten, wird er flüchten. Er will eine Frau, die ihn schätzt und bewundert, und wer will es ihm verübeln? Dies könnte *ein* Grund dafür sein, warum ältere Männer sich lieber an jüngere Frauen halten – aber das ist nur eine Hypothese.

Männerkennerwissen: Männer wollen Frauen, die so schlau sind, das Beste in ihnen zu sehen.

Wenn Sie viel zu bieten haben (Stärke, Klugheit, Erotik etc.), wird Ihr Vogel sich besorgt fragen, ob er Sie glücklich machen kann. Die kluge Männerkennerin denkt daran, einen nervösen Vogel beruhigend zu streicheln, um ihm die Anspannung zu nehmen. Geben Sie einem Mann Bestätigung, wird er sich bestärkt und ermutigt fühlen und Sie dafür lieben.

Lassen Sie ihn sich aufplustern

Nichts erfreut einen Mann so sehr wie Lob. Blasen Sie ihm jedoch keine heiße Luft zwischen die Federn. Wiederholen Sie lieber etwas, über das er im Verlauf Ihrer Unterhaltung selbst gesagt hat.

Vögelflüstervorschläge:
Zum Mann, der versucht, Sie mit seinem Intellekt zu beeindrucken: »Sie sind wirklich clever. Ich liebe Männer, die etwas im Kopf haben.«

Zum Künstler: »Das ist wahnsinnig faszinierend! Erzählen Sie mehr über [was auch immer er in seinem Atelier zusammenkleistert].«

Zum eher bodenständigen Macho-Typen: »Ich habe diese Schwächlinge ja so satt!« Oder: »Ach, könnten Sie mir wohl helfen? Der Deckel der Ketchupflasche sitzt fest.«

Zum alleinerziehenden geschiedenen Vater, der um das Sorgerecht für seine Kinder kämpft: »Es ist toll, dass Ihnen familiäre Werte so wichtig sind.« Oder: »Wie macht sich seine Fußballmannschaft denn so?«

Zum perfektionistischen Erfolgstypen, der lang und breit seine persönlichen Vorzüge heruntergebetet hat: »Wow, Sie sind ja ein echter Alpha-Mann!«

Zum eher nervösen und schüchternen Mann: »Was für ein schöner Abend! Ich fühle mich so wohl mit Ihnen.«

Zum fleißigen Studenten, der nebenbei noch zwei verschiedene Jobs hat: »Was für ein Einsatz! Tatkraft und Entschlossenheit sind heute bei Männern seltene Tugenden geworden.«

Zum Mann, der demonstrativ mit seinen Geldscheinen wedelt: »Ich werde wohl sehr verwöhnt heute Abend. Haben Sie vielen Dank!«

Zum Mann, der Sie verführen will: »Bei Ihnen fühle ich mich sehr sexy.« Oder: »Mit Ihnen bekomme ich Lust, ein böses Mädchen zu sein!« Oder: *»Schnurrrr.«*

Männerkennertipp: Vergessen Sie nie, sich für eine Einladung zum Essen zu bedanken. (Aber daran musste ich Sie nicht erinnern, stimmt's? Das war auch nur ein Test.)

**Wie man von der Körpersprache
auf seine Liebeskünste schließen kann:**

- Berührt er Sie beim Essen häufig, ist er auch beim Sex der **Streichel**-Typ.
- Berührt er Sie *zu* oft, ist er der **Angreifer**-Typ.
- Legt er seine Hand auf Ihren Rücken, rechnen Sie mit einer Nacht voller **Fürsorge**.
- Sitzt er mit abwehrend gekrümmtem Rücken, werden ihm Zeichen des Genusses nur schwer abzuringen sein, er ist der **verschlossene** Typ.
- Sitzt er locker und entspannt, wird er für alles **offen** sein.
- Lümmelt er sich auf seinem Sitz, ist er mit ein bisschen Glück nicht nur selbstbewusst, sondern sogar **souverän**.
- Bewegt er sich steif und kontrolliert, zeigt er sich auch zwischen den Federn **beherrscht**.
- Nimmt er Ihre Hand oder küsst sie, können Sie sich auf **Romantik und Zärtlichkeit** freuen.
- Benimmt er sich dem Kellner gegenüber höflich, bestimmt und selbstbewusst, ist er **sexy!**

11. DAS UNBEMERKTE VERABREDUNGSVERHÖR

Der Pferdefuß –
Entdecken Sie den Haken am Mann

Es gibt ein wohlgehütetes Geheimnis über Männer, das Sie möglicherweise noch nicht kennen. Es zu lüften wird Ihnen garantiert mehr Liebeskummer ersparen als eine Schrotflinte.

Männerkennerwissen: Ein Mann wird bei den ersten zwei Verabredungen so gut wie alles von sich preisgeben und dann die nächsten zwei Jahre so gut wie nichts mehr.

Da Sie ohnehin davon ausgehen müssen, dass es keine zehn Pferde schaffen werden, ihn wegen seiner »Bindungsängste« oder ähnlicher Charakterdefizite zur Therapie zu schleifen *(und haben wir davon nicht ohnehin die Nase voll?)*, sollten Sie alle wichtigen Informationen gleich zu Beginn der Balzphase einholen. Wenn Sie nur gut genug hinhören, werden Sie feststellen, dass ein Mann Ihnen in diesem Zeitraum tatsächlich alles erzählt, was Sie über ihn wissen wollen – vor allem aber, ob er Ihrer wert ist. Nutzen Sie also jede gute Gelegenheit, die intimsten Geheimnisse Ihres neuen gefiederten Freundes – und dabei womöglich auch seinen Pferdefuß – kennenzulernen.

Nun besitzen Männer zwar ein angeborenes Ehrgefühl und sind daher meist aufrichtig, aber sie sind auch nicht dumm. Niemand kennt ihre Fehler besser als sie selbst, und so entwickeln die meisten geniale Strategien, um das Fortbestehen ihrer Spezies zu ermöglichen und gleichzeitig die persönliche Integrität zu wahren – selbst wenn es sich um Soziopathen handelt.

Männerkennerwissen: Während der Pfau stolz sein Rad schlägt, achten Sie darauf, ob er darunter nicht auch einen Pferdefuß hat.

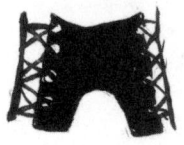 Während Ihr Gegenüber also ganz harmlos von seinem Aktienpaket erzählt oder seine Weltreisen auflistet, wird er Ihnen nebenbei unbewusst verraten, was in Beziehungen sein Pferdefuß ist. Diesen Makel entdeckt man stets im Kleingedruckten. Es ist nur ein einziger Satz oder, wenn Sie Glück haben, sogar ein kleiner Monolog. Doch ist er ihm erst einmal entwischt, wird er ihn unter einem riesigen Büschel hübscher Federn verstecken wollen, so dass Sie sich schwertun werden, das eingebrannte Teufelszeichen auf dem edlen Federkleid zu finden.

Männerkennerwissen: Der Pferdefuß ist oft als Witz getarnt.

Da der Pferdefuß im Vergleich zu seinem männlichen Imponiergehabe klein scheint, mag er zum Zeitpunkt seiner Äußerung noch völlig unerheblich wirken. Außerdem würde keine vernünftige Frau einen Mann, der ihr gefällt, zu einem so frühen Zeitpunkt abservieren.

»Ich bin ein bisschen pervers«, sagt er.
Wie witzig, denkt sie.

Sie wird tatsächlich keine weitere Sekunde darüber nachdenken, bis sie drei Jahre später plötzlich mitten in der Nacht auffährt und eins und eins zusammenzählt. Sie hatte damals mit ihm zusammen darüber gelacht, weil sie es für einen Scherz gehalten hatte, aber jetzt betrügt er sie mit der wirklich übel riechenden Hundesitterin!

Männerkennermanöver: Halten Sie rechtzeitig Ausschau nach dem Pferdefuß! Diese Informationen sind von unschätzbarem Wert, ergeben aber oft erst im Nachhinein einen Sinn – nach drei Monaten oder drei Jahren sinnlos vergeudeter Zeit und Anstrengung.

Die Krönung ist, dass er sich zudem noch für überaus anständig hält, weil er Sie ja gewarnt hat. Und wenn Sie später wegen irgendeiner Charakterschwäche oder Marotte herumzicken, wird er Sie daran erinnern, dass er Ihnen vom ersten Tag an gesagt hat, dass er noch mit seiner Ex schlafe oder von Donuts mit Puderzucker einfach nicht die Finger lassen könne und deswegen immer einen Schwabbelbauch haben werde. Sie sollten sich bewusst machen, dass ein Mann, sobald er seinen Pferdefuß offenbart hat, seines Erachtens nicht länger dafür verantwortlich ist, sondern Sie! Wenn Sie sich durch sein Verhalten verletzt fühlen, ist das Ihr Problem: Er hat von Anfang an kein Geheimnis daraus gemacht, und Sie haben sich trotzdem auf ihn eingelassen. Sie haben seine Bedingungen stillschweigend akzeptiert – und jetzt versucht er, ungeschoren und ohne weitere Gewissensbisse davonzukommen.

Pferdefuß-Erkennungssätze

– »Warum sollte man heute noch heiraten?
Da musst du von allem die Hälfte abgeben.«
– »Ich war noch niemals richtig verliebt.«
– »Ich habe nur ein- oder zweimal im Monat Zeit auszu-
gehen.«
– »Meine Verlobte hat mich heimlich mit einem Zweiund-
zwanzigjährigen betrogen. Jetzt passe ich immer sehr gut
auf.«
– »Meine Frau meinte, ich habe unsere Beziehung zerstört.
Wie kommt sie nur darauf.«
– »Die letzte Frau, mit der ich ausgegangen bin, war acht-
zehn.«
– »Meine Exfrau hasst mich.«
– »Meine Exfreundin hatte nicht alle Tassen im Schrank.
Seitdem bin ich Single.«
– »Meine längste Beziehung dauerte sieben Monate.«

Männerkennertipp: Jeder Mensch hat Probleme. Aber Sie sollten versuchen, jemanden zu finden, mit dessen Problemen Sie
leben können.

Romantische Trainingseinheit (obligatorisch) nach Ihrer ersten Verabredung

Sie legen sich ins Bett, holen den Verabredungsfragebo-
gen hervor (siehe Seite 92) und tragen sofort sämtliche
Informationen über Ihr neues Liebestäubchen ein. Überlegen Sie genau, ob Sie irgendwelche Pferdefüße entdecken konnten. Wenn Sie sich blind zu ihm hingezogen
fühlen oder zu sehr von seinem prächtigen Gefieder be-

eindruckt sind, beraten Sie sich über einen eventuellen Pferdefuß mit einer vertrauenswürdigen Angehörigen Ihres Vogelfangteams. Falls Sie später ins Sexkoma fallen, kann Ihre Freundin Sie mit ein paar gepfefferten Sätze wieder aufrütteln *(Er ist ein professioneller Poker-spieler, du Dussel!)*. Ein objektiver Überblick hilft Ihnen, Ihre Informationen richtig zu be-werten, den Kopf nicht in den Wolken zu ver-lieren und die Füße auf dem Boden zu behalten.

Bringen Sie Ihren Vogel zum Singen

Manche Männer sind schlauer als andere. Je schwerer er sich ein Geständnis entlocken lässt, umso raffinierter müssen Sie ihn zum Reden bringen. Wenn Ihr Vogel also nicht gern von sich erzählt, sollten Sie ihm während des Drinks ganz locker folgende Liebeskummer-Verhinde-rungsfrage stellen: »Nun erzählen Sie mal, Tom: Warum sind Sie eigentlich noch nicht verheiratet?«

Männerkennerwissen: Anhand seiner Antworten beim heim-lichen Verhör erhalten Sie eine kleine Vorschau darauf, was er über Sie beide erzählen wird, nachdem Sie sich getrennt haben.

Es ist der einzige Moment, in dem Sie so eine bedeu-tungsschwere Frage stellen können, ohne übermäßigen Druck auszuüben, denn Sie können seine Antwort ja kei-nesfalls persönlich nehmen … noch nicht. Sie werden staunen, was ein Mann bei den ersten Verabredungen einer noch unbekannten Frau über seine emotionalen Probleme verrät.

Sobald Sie die Liebeskummer-Verhinderungsfrage gestellt haben, wird der Mann Ihnen ganz genau erzählen, wie er über die Ehe denkt, und mitunter sogar offenbaren, ob er finanziell abgesichert ist, ob er strikte oder moralische Einwände gegen die Ehe an sich hegt oder ob er sich in freier Wildbahn noch so wohl fühlt, dass er nicht im mindesten daran denkt, eine Familie zu gründen. Er gibt außerdem preis, ob er schon einmal verheiratet war und Unterhalt zahlt, und verrät oft auch, wie lang die Liste der Frauen ist, die ihn »sich schnappen« wollen. Das ist beileibe kein Scherz!

TIPP: Hören Sie genau zu, wie er über seine Exfrauen und/oder -freundinnen spricht, und achten Sie auf seine bevorzugten »Beziehungstheorien«. Vielleicht erzählt er Ihnen, dass es »in Wirklichkeit gar keine Liebe gibt« oder dass alle seine Beziehungen »auf ein und dieselbe Weise enden ... vor Gericht«.

Meinen Glückwunsch! Der Mann hat gerade sein ureigenes »Liebesleitsystem« enthüllt. Genau das ist es, was er für die Wahrheit über Beziehungen und Liebe hält, und *davon wird er nicht abweichen!* Die meisten Menschen wiederholen dasselbe Bindungsmuster immer wieder, nur mit einem jeweils anderen Partner, und das könnten *Sie* sein. Ein derartiges Muster ist ohne himmlischen Beistand – oder intensive Therapie – schwer zu durchbrechen.

Das letzte Mal, als ich einen Mann unbemerkt befragte, lehnte er sich irgendwann vor und begann über seine Exfrau zu lästern: »Habe ich schon erzählt, dass sie gerade mit meinem siebenjährigen Sohn nach Dallas gezogen ist? Die ist doch total bescheuert!«

»Was ist passiert?«, entgegnete ich. Als ich erfuhr, dass er keinen regelmäßigen Unterhalt für das Kind gezahlt hatte, wurde ich plötzlich sehr müde und musste mich verabschieden.

ACHTUNG: Wenn er derartige Informationen über sich preisgibt, *glauben Sie ihm!* Ihre nächste Frage sollte lauten: »Und bist du deswegen in Therapie?« Falls er mit »Ja« antwortet, fragen Sie, ob sie denn auch *wirkt.*

Männerkennerwissen: Wenn ein Mann gesteht, seine Frau ständig betrogen zu haben, wegen Körperverletzung im Gefängnis gewesen zu sein und geschworen zu haben, nie wieder zu heiraten … *dann ist er ein untreuer, gewalttätiger und überzeugter Single!* Und denken Sie nicht, dass Sie das ändern werden! Im Ernst!

Wenn Sie meinen Instruktionen bis zu diesem Punkt gefolgt sind, wird Ihr Liebestäubchen mittlerweile verzaubert sein und Ihnen seine intimsten Geheimnisse verraten haben. Er wird sich so sehr von Ihnen verstanden fühlen, dass er seinen Schutzwall abreißt, die Zugbrücke herunterlässt und Sie in die Bastion seines innersten Ichs einlädt. Ihre beiläufigen Fragen, das Nachahmen seiner Körpersprache, Ihre Aufmerksamkeit und Anerkennung – all das wird wie ein Zaubertrank auf ihn wirken. Er wird sich Ihnen öffnen, ja, sich sogar *verletzlich* machen.

Doch seien Sie gewarnt: Werden Sie selbst noch nicht übermäßig zutraulich und erzählen einen Schwank aus Ihrer Jugend nach dem anderen. Ihr Abend könnte sonst zu einer Therapiesitzung ausarten.

Männerkennertipp: Spielen Sie nicht seine Therapeutin! Wenn Ihr Gegenüber sich Ihnen öffnet, hören Sie einfach nur aufmerksam zu.

Wiegen Sie mitfühlend den Kopf und sagen:
»Aha.«
»Hmm … ich verstehe.«

»Du musst ganz schön stark sein, dass du das ausgehalten hast!«

»Das war bestimmt sehr schwierig für dich.«

»Du erzählst das so locker. Bist du deswegen in Therapie gewesen?«

»Bedienung, die Rechnung bitte!«

Dann gehen Sie nach Hause, legen sich in die Badewanne und denken in aller Ruhe über den Abend nach. Herzlichen Glückwunsch zu diesem überaus erfolgreichen Rendezvous!

12. TONTAUBENSCHIESSEN

Sie brauchen natürlich nicht unzählig viele Männer, sondern nur einen munteren Schwarm von »potentiell Richtigen«, bis Sie den einen Richtigen irgendwann erkannt haben und er bei Ihnen landet. Leider ist es kaum möglich, eine Vogeljagd ohne Enttäuschungen oder gar Fehlschläge durchzuführen, aber das wird Sie umso weniger entmutigen, je eher Sie in der Lage sind, einen gescheiterten Feldversuch einfach abzubrechen. In diesem Kapitel geht es darum, wie man eine Niete rechtzeitig abschießt.

Flugverhalten bei Turbulenzen

Sie amüsieren sich beide prächtig, doch plötzlich – rumms! – geraten Sie aus irgendeinem Grund ins Trudeln. Bekommen Sie jetzt um Himmels willen keine Panik!

Turbulenzen sind immer wie ein Stichwort, sich zu entschuldigen und die Nase pudern zu gehen. Schnappen Sie etwas frische Luft und ziehen

Sie den Lippenstift nach. Nach einer Weile kehren Sie erfrischt zurück und merken, dass auch das gesträubte Gefieder Ihres Gegenübers sich wieder geglättet hat. Sollten die Turbulenzen allerdings länger als fünf Minuten andauern, schwirren Sie lieber komplett ab.

Männerkennertipp: Machen Sie sich nicht die Mühe, gegen Sturmböen anzukämpfen, die schon nach kurzer Flugdauer auftreten.

Dramatische Turbulenzen

Schießen Sie den Kerl ab, wenn er:
- so dreist ist, sich in Ihrer Gegenwart nach anderen Frauen umzusehen.
- zu früh ins Sexuelle abdriftet.
- Sie unerträglich langweilt.
- Sie beleidigt.
- in Ihrer Gegenwart mit einer anderen Frau flirtet.
- unhöflich ist.
- schlechte Laune hat.
- anfängt zu streiten.

Männerkennertipp: Steigen Sie nie zu einem streitlustigen oder schlechtgelaunten Mann ins Auto, wenn Sie ihn nicht gut kennen.

Wie ernst ist es?

Wenn ein Mann …
- Sie nach seinem Fitnesstraining nur auf einen Drink treffen will, weil er dann »nichts mehr essen kann«, ist er **geizig**.

- Sie mit kraftloser Stimme fragt: »Was würden Sie denn gerne unternehmen?« und selbst keinen annehmbaren Vorschlag machen kann, ist er ein **Jammerlappen**.
- mit Ihnen schläft, verschwindet und sich erst Tage später wieder meldet, ist er ein **Sexspielzeug**.
- sich in einem schäbigen Restaurant mit Ihnen treffen will, ist er **verheiratet**.
- Sie in ein Schnellrestaurant einlädt, um Ihnen eine »bodenständige« Verabredung zu bieten, ist er **pleite**.
- zunächst viel Geld für Sie ausgibt, Sie an exklusive Orte ausführt und dann damit aufhört, gibt er Ihnen ein Zeichen: Er hat Sie auf die **Reservebank** gesetzt.
- sich keine Gedanken oder Mühe macht, die Zeit mit Ihnen originell zu gestalten, ist er ein **Schwachkopf**.
- sich nur sexuell engagiert, ist er **kein zukünftiger Ehemann!**

Der Abschuss am Telefon

Dem anderen von Angesicht zu Angesicht den Laufpass zu geben ist heute wirklich nur dann nötig, wenn Sie schon eine Weile zusammen waren. Falls Sie sich von einem Mann trennen wollen, zögern Sie also nicht, ihm die bittere Wahrheit einfach durchs Telefon zu sagen. Seien Sie dabei so nett wie möglich, Ende.

Männerkennerwissen: Am Telefon den Laufpass zu bekommen ist für einen Mann viel weniger beschämend als ein Abschuss aus nächster Nähe, weil er so sein Gesicht wahren kann.

Nachdem er den Hörer aufgelegt hat, kann der Mann ganz allein für sich seine Wunden lecken. Der telefonische Abschuss bewahrt Sie auch vor Wutausbrüchen und anderen unangenehmen Begleiterscheinungen einer Trennung:

unbehaglichen Abschieden, Autofahrten in peinlicher Stille, Magenschmerzen nach dem Essen.

Vögelflüstervorschlag für den Abschussanruf:

Sagen Sie freundlich, aber entschieden etwas wie: »Ich habe lange darüber nachgedacht, aber ich finde nicht, dass wir zusammenpassen. Tut mir leid.«

Wenn er dann die gefürchtete Frage »Warum?« stellt, antworten Sie schlicht: »Das sagt mir einfach mein Gefühl. Es funkt bei mir nicht. Tut mir wirklich leid. Mach's gut«, und legen Sie dann möglichst bald auf.

Denken Sie immer daran: Niemand kann mit Ihnen über Ihr Gefühl streiten. Es ist unantastbar.

Aufdringliche Anrufe

»Nein.« ist ein vollständiger Satz. Ruft ein Mann, nachdem Sie ihm auf Wiedersehen gesagt haben, trotzdem immer wieder an, nehmen Sie seine Anrufe nicht entgegen und rufen nicht zurück. Sie haben die Grenze abgesteckt, und diese Grenze heißt NEIN. Wenn Sie zulassen, dass er diese Grenze durch Druck oder Betteln überschreitet, dann sind Sie selbst schuld daran. Reagieren Sie jedoch nicht auf ihn, wird er irgendwann flügellahm und gibt auf.

Männerkennertipp: Wenn Sie irgendwann zum richtigen Mann ja sagen wollen, müssen Sie lernen, zum falschen nein zu sagen. Alles andere sind unnötige romantische Umwege.

Driftet er ab?

Wenn er Ihnen keine Komplimente macht ...

Wenn er Sie nicht zur Tür bringt ...

Wenn er nicht sagt, dass ihm der Abend gefallen hat ...

Wenn er nicht versucht, Sie zu berühren ...

Wenn er keine Pläne für die Zukunft äußert ...

Wenn er ohne große Begeisterung »Ich ruf dich an« sagt ...

Wenn er nicht versucht, Ihnen einen Abschiedskuss zu geben ...

Wenn er wegfährt, noch ehe Sie Ihr Haus betreten haben ...

Die Antwort auf diese Fragen ist sehr viel einfacher, als viele Frauen glauben: Ja, dann driftet er ab und hat ohne jeden Zweifel das Interesse an Ihnen verloren.

Dann war er nur eine Tontaube. Betrachten Sie ihn einfach als verfehltes Experiment und verschwenden keine Zeit darauf, sich den Kopf über die Gründe zu zerbrechen. Sie werden niemals mit Sicherheit wissen, warum es mit einem Mann nicht geklappt hat.

Stellen Sie sich doch einfach diese Version vor: Er fand Sie ungemein attraktiv, hatte aber von Anfang an das Gefühl, dass Sie seine erektile Dysfunktion auf Dauer nicht tolerieren könnten. Besser, oder?

Ich wusste, die Wahrheit würde Sie befreien!

Männerkennertipp: Richten Sie Ihre Waffe nicht auf sich selbst. Schießen Sie lieber die Tontauben ab!

13. DER VERABREDUNGSFRAGEBOGEN –
Meint er es ernst?

Für Ihre romantische Feldforschung ist es außerordentlich wichtig, dass Sie sich Notizen machen. Nutzen Sie die untenstehende Checkliste, um die verschiedenen Vogeltypen, die Sie angelockt haben, genau zu identifizieren und zu katalogisieren. Wenn Sie aufmerksam waren, haben Sie wichtige Hinweise erhalten, welche Mitglieder Ihres Schwarms für eine ernsthafte Beziehung geeignet sind, welche sich eher zum Spielen eignen und welche Sie sofort wieder fliegen lassen sollten.

Stammdaten

Name des Vogels ....

Telefonnummer ....

E-Mail ....

Adresse ....

Art ....

Unterart ....

Verabredungsdaten

Ankunftszeit ....

Verabredungsort ....

Hat er reserviert, oder hatten Sie Grund, reserviert zu sein? ....

Gesprächstalent ....

Höflichkeits- und Aufmerksamkeitsgrad ....

War er geizig? ....

Was hat er investiert: Aufmerksamkeit, Mühe, Enthusiasmus
    oder nur Geld? ....

Hat er Ihre Stärken erkannt und zu würdigen gewusst?..................

Gutenachtkuss? ....

Hat er um ein weiteres Rendezvous gebeten? ....

Hat es Ihnen gefallen, oder haben Sie sich gelangweilt? ....

Reibungsloser Ablauf oder Turbulenzen? ....

Resümee: Ganz unterhaltsam, hätte lieber Wäsche

gewaschen oder im siebten Himmel? ....

Temperament

Gesträubtes Gefieder oder hängende Flügel? ....

Turteltäubchen ....*ne*...............

Verwundeter Vogel ....*ja*.............

Pickende Krähe ....*ja*...............

Stolzer Hahn ....*ja*...............

Aggressiver Kondor ....*ja*......................

Stürmischer Raubvogel ....*ja*.............

Nervöse Bachstelze ....*ne*.............

Lockerer Vogel ....*ja*.............

Eingebildeter Pfau ....*ne*.............

Kämpferischer Wellensittich ...*ja*

Federkleid

Nett und adrett ....*ja*.............

Zerknittert ....*ja*.............

Unordentlich ....

Zustand der Zähne ....*gut*.............................

Haarwildwuchs ....*nein*.............

Warzen ....*nein*.............

Haargel ....*nein*.............

Körpergeruch ....*super x)*.............

Mundgeruch ....*nein*.............

Blähungen ....*nein 0o*.............

Billiges Parfüm ....*no*.............

Attraktivität (auf einer Skala von 1 bis 15)

Körperbau ....

Intelligenz ....

Lebensart ....

Humor ....

Fürsorge ....

Charakterstärke ....

Kreativität ....

Wertesystem ....

Sexuelle Ausstrahlung ....

Anziehungskraft ....

Geldbeutel ....

Übereinstimmung der Flugrichtung ....

Bewertung des Charakters

Ist er berufstätig? ....

Pferdefuß ....

Seltsame Angewohnheiten ....

Beziehungsballast ....

Sein Verhältnis zu seiner Familie, seinen Mitarbeitern, seinen

Exfrauen und/oder -freundinnen ....

Würden Sie ihm ein Kind anvertrauen? ....

Gibt es etwas, wofür er sich engagiert? ....

Wohltätigkeitsarbeit? ....

Spirituelle Neigungen? ....

Ist er Mitglied einer religiösen Organisation? ....

Haben Sie gemeinsame Freunde? ....

Manieren? ....

Hat er Haustiere oder Pflanzen? ....

In welcher Lebensphase befindet er sich? ....

Wie alt ist der Vogel? ....

Was erwartet er von einer Beziehung? ....

Was sind seine persönlichen Ziele? ....

Hat er ein Kind oder jüngere Geschwister? ....

Inwieweit kümmert er sich um sie? ....

Besitzt er ein eigenes Haus oder eine Eigentumswohnung? ....

Hat er Zukunftspläne? ....

Hat er beruflich Erfolg? ....

In welcher Lebensphase befindet er sich: Wachstums-,
   Vermehrungs- oder Nestbauphase? ....

Sozialverhalten

Ist er aggressiv? ....

Rowdyhaftes Fahrverhalten, eine scharfe Zunge, ungebührliches
   Verhalten (Ihnen oder anderen gegenüber)? ....

Beleidigende Äußerungen und/oder Verhaltensweisen? ....

Sexuell aggressives Verhalten? ....

Hat er Sie in die Defensive gedrängt? ....

Hat er anderen Frauen nachgesehen? ....

Hat er versucht, Sie eifersüchtig zu machen? ....

Hat er Bindungsängste oder schlechte Erfahrungen mit
   Beziehungen? ....

Gesprächsverhalten und Ausdrucksvermögen

Flüssig ....

Wirkt gelangweilt ....

Inspirierend ....

Einfühlsam ....

Bissig ....

Offen ....

Aufmerksam ....

Eloquent ....

Lässt sich alles aus der Nase ziehen ....

Humor

(verrät viel über seinen IQ und/oder nagende Selbstzweifel)

Geistreich ....

Fein ....

Trocken ....

Sarkastisch ....

Witzig ....

Kindisch ....

Anzüglich ....

Schmutzig ....

Hinterhältig ....

Auf Kosten anderer ....

Auf Ihre Kosten ....

Nicht vorhanden ....

Hinweise auf Kompatibilität

Ist er ein früher Vogel oder eine Nachteule? ....

Zum Nestbau bereit? ....

Raubvogel? ....

Heranwachsender? ....

Schneeeule? ....

Lahme Ente? ....

Grünschnabel? ....

Hat er ein Autoritätsproblem? ....

Liebt er seine Mutter? ....

Liebt er sie zu sehr? ....

Parallele Flugkurve? ....

Harmonisierende Flugmuster? ....

Gesundheits-Check

Gesundheitliche Probleme? ....

Sportliche Aktivitäten? ....

Energielevel? ....

Suchtverhalten: Alkohol, Medikamente, Glücksspiel, Essen, Sex,
    Arbeit? ....

MADS (Männliches Aufmerksamkeitsdefizitsyndrom)? ....

Geschlechtskrankheiten? ....

Fazit

Das Fünf-Sterne-Verabredungs-Bewertungssystem

Dieses System zur Einschätzung Ihres Verabredungspartners hilft Ihnen, Ihren Schwarm gut unter Kontrolle zu behalten.

– Bei beiderseitigem massivem Interesse gibt es fünf Sterne.
  * * * * *

– Wenn er auf Ihren Anruf hin nicht binnen zwei oder drei Tagen zurückruft, wird ein Stern gestrichen.

– Bei weniger als drei Sternen bekommt er noch eine Bewährungsfrist.

– Hat er weniger als drei Sterne und versucht von sich aus, sich durch erneutes Anrufen wieder in den Formationsflug einzugliedern, dürfen Sie ihm einen Stern zurückgeben, wenn Sie wollen.

Denken Sie daran, dass nicht jeder Mann mit fünf Sternen einsteigt. Wenn Sie sich nicht wirklich zu ihm hingezogen fühlen, fängt er vielleicht mit nur drei Sternen an und arbeitet sich allmählich nach oben. Oder er vermasselt es vollkommen und ist draußen. Ganz klar ist jedenfalls: Haargel kostet ihn einen Stern, billiges Rasierwasser zwei.

Gute Jagd!

Männer und Frauen wollen sich gegenseitig auf / in die Knie zwingen – allerdings aus verschiedenen Gründen.

Lauren Frances, Vogelforscherin

TEIL II
DEN VOGEL LIEBEN

Nach Männern zu stöbern ist genauso wie ...
Shopping!

Lauren Frances, *Vogelforscherin*

14. TIPPS ZUR AUSWAHL
DES RICHTIGEN VOGELS

Bei der Auswahl eines Mannes sollte man letztlich ähnliche Maßstäbe anlegen wie bei einem Haustier: Achten Sie auf ein ausgeglichenes und anschmiegsames Naturell. Er sollte außerdem gute Manieren haben und kooperativ, vernünftig und leicht zu erziehen sein. Auch Stubenreinheit (also ein hygienischer Umgang mit sanitären Anlagen) wäre schön. Muss er allerdings häufig bestraft werden und verlangt zu viel Aufmerksamkeit oder emotionale Energie, ist es vermutlich besser, ihn wieder zurückzugeben ... äh, ich meine: zu verabschieden.

Nehmen Sie einen bereits gezähmten Vogel. Dazu gehören zum Beispiel Männer, die schon in festen Beziehungen erprobt sind – vergleichbar mit Hunden, die allein Gassi gehen können. Der Vorteil liegt klar auf der Hand: Wenn er Bier holen geht, bringt er Ihnen gleich Tabletten gegen Menstruationsschmerzen mit; er bekommt den schwierigen Satz »Kein Problem« relativ problemlos über die Lippen, manchmal sogar die etwas kniffligere Variante »Gerne, Schatz«. Allerdings lässt er immer noch seine nassen Handtücher auf dem Boden liegen.

Ziehen Sie auch die Wahl eines überzüchteten Vogels in Betracht. Er wurde liebevoll von seiner alleinstehenden Mutter großgezogen. Er ist in Haushaltsdingen nicht nur geschult, er erledigt manches sogar besser als Sie und kennt diverse Putztricks, *wie etwa das Reinigen der Badezimmerfugen mit Backpulver*!

NACHTEIL: Jedes Mal, wenn Sie die Handtücher zusammenfalten, macht er sich über Sie lustig. Alles in allem gibt der überzüchtete Mann jedoch einen gutterzogenen und einfühlsamen Partner ab, es sei denn, er steht seiner Mutter *zu* nahe. Dann ist er nahezu unzähmbar und sollte besser draußen bleiben.

Der gemeine Wildvogel. Da er nicht bereit ist, sein Verhalten dem häuslichen Leben anzupassen, zieht der Wildvogel seine Flugbahnen stets wie in freier Wildbahn und bewegt sich damit außerhalb des rechtlichen geordneten Raumes – geordnet nach weiblichem Recht wohlgemerkt, das beispielsweise besagt: »Schmutzsocken gehören in die Wäschetruhe« oder »Kein Tequila mehr nach Sonnenaufgang«. Er fegt wie ein Wirbelsturm durchs Haus und fühlt sich auf die Federn getreten, wenn man ihn kritisiert. Auf hilfreiche Kommentare wie etwa: »Liebling, du hättest an dem Stoppschild links abbiegen müssen« reagiert dieser höchst sensible Vogel äußerst gereizt. Viele Frauen sind der Meinung, der Wildvogel sei die am häufigsten verbreitete Art der männlichen Spezies. Trotz gewisser Schwächen wissen viele seine Qualitäten als Partner durchaus zu schätzen, wenn sie erst einmal gelernt haben, mit ihm umzugehen (*siehe* Teil III).

Hüten Sie sich vor dem Problemvogel. Auch der hinreißendste Mann kann nach kurzer Eingewöhnungszeit hin und wieder unsoziales Verhalten an den Tag legen. Er wird plötzlich überheblich, unverschämt und unkooperativ oder, schlimmer noch, verwandelt sich in einen stimmgewaltigen

Schreiadler oder spitzfindigen Streithahn. Dieser Wechsel in seiner Wesensart vollzieht sich in dem Moment, da er meint, seine Krallen fest um Ihren Finger geschlungen zu haben. Um ihn in einen angenehmen Hausgenossen zu verwandeln, müssen Sie diesen Vogel ein wenig kürzer halten und eine Flughöhenanpassung vornehmen (*siehe Korrektur der Flughöhe, Seite 206*).

Vorteil: Sie dürfen im Schlafzimmer Lederhandschuhe tragen.

Raubvögel

Es war einmal eine bildhübsche, aber amourös vereinsamte Prinzessin. Eines schönen Tages kam ihr Held angeritten …

Sie hyperventilieren nach seinen gekonnten Küssen, sinnlichen Bissen und wonnigen Worten. Sie sollen ihm gehören – ihm allein. Dazu ist er wild entschlossen. Diese Phase dauert für gewöhnlich einige Wochen voll honigsüßer Telefonate und SMS an. Doch sobald Sie sich an seine Aufmerksamkeit gewöhnt haben, verschwindet er und lässt Sie in Ihrem zugigen Turmstübchen allein. Sie spähen sehnsüchtig aus den schmalen Turmfenstern und fragen sich, wohin er entschwunden ist. Sie beten inbrünstig für seine baldige Rückkehr und konsultieren in elender Verzweiflung die Hofwahrsagerinnen.

»Was ist geschehen? Habe ich etwas Falsches gesagt? Habe ich seine Gefühle verletzt?«, fragen Sie Ihre Freundinnen voller Panik. Natürlich nicht! Er wusste einfach nur zu gut, wie er Sie in den Zustand ausgeprägter *romantischer Hilflosigkeit* versetzen konnte.

Schockiert erkennen Sie, was es mit dem großen Speer auf sich hatte, mit dem er Sie so sehr aus dem Gleichgewicht brachte. Für ihn war das Ganze nichts weiter als ein Turnier, und nur die sportliche Herausforderung war es, die ihn reizte – Sie wurden auf ein Podest gestellt, damit Sie umso tiefer auf Ihren Hintern fallen konnten.

Trotzdem können Sie nicht aufhören, an ihn zu denken, über ihn zu reden und zu überlegen, wohin er wohl ging. Und wann er zurückkommt. Sie haben das Gefühl, verrückt zu werden. Was Sie da plagt, ist bittere Sehnsucht.

Die Königin wurde gewahr, dass Lancelot sie mied und zu jeder sich bietenden Gelegenheit aus Camelot davonritt. Sie ließ ihn zu sich rufen und sagte: »Lance, ich sehe und spüre mit jedem Tag, dass Eure Liebe zu mir schwindet und Ihr stets davonreitet, um andere holde Jungfern zu retten. Habt Ihr vielleicht eine gefunden, die Euer Herz mehr begehrt denn mich?

Sie werden eine ganze Weile warten müssen, bis so ein Lanzen-Lodri wiederkehrt. Diese Männer haben viel zu tun. So viele Frauen zu erfreuen und nur so wenig Zeit! Vielleicht war er ja deshalb so in Eile.

Dann, o Wunder, ruft er wieder an (*siehe* Aus heiterem Himmel, Seite 169). Sie sind entzückt! Er liefert ein paar lahme Ausreden, warum er sich nicht schon früher gemeldet hat, à la: »Wir sind mit einer Gruppe von Rittern zum Snowboarden losgezogen. Es lag perfekter Pulverschnee.« In Ihrer tiefen Verunsicherung nehmen Sie seine lächerliche Entschuldigung tatsächlich hin. Sie wollen um jeden Preis wieder an jenen Platz verfrachtet werden, der Ihnen Ihrer Meinung nach zusteht – und wenn es kein Podest sein kann, dann nehmen Sie sogar mit irgendeinem alten Schemel vorlieb. Sagen Sie mal: Wem wollen Sie eigentlich etwas vormachen? Das nächste Mal werden Sie noch vor ihm auf die Knie fallen!

FRAGE: *Was ist passiert?*

ANTWORT: Indem der Raubvogel Ihre Erwartungen erst hochschraubte und dann enttäuschte, hat er Sie aus der Balance geworfen und die Oberhand gewonnen. Er hat Sie wissentlich manipuliert. VORSICHT!!! Der Raubvogel ist kein Liebestäubchen, werte Dame! Sonst hätte er Sie nicht betört und dann mit allem Gefühlsballast alleingelassen.

LEKTION: Wir wollen keine Männer, die wir erst zu uns herunterbeamen müssen. Wir wollen Männer, mit denen wir tatsächlich reden können und die am Freitagabend vor der Tür stehen, um uns zum Sushi einzuladen.

Männerkennertipp: Seien Sie misstrauisch, wenn ein Mann Sie zu schnell in etwas hinein (oder aus etwas heraus) drängen will, zum Beispiel in eine märchenhafte Romanze oder aus Ihren Kleidern.

Der verwundete Vogel
(oder auch: Der vorschnelle Freund)

Der vorschnelle Freund legt ganz charmant los ... etwa zwei oder drei Verabredungen lang. Dann versucht er, Sie durch sofortigen intensiven Besitzanspruch zu kontrollieren. Er entwirft gemeinsame Zukunftsperspektiven und terrorisiert Sie durch tägliche Telefonanrufe, manchmal sogar mehrmals täglich. *Das Problem:* Sie kennen sich erst eine Woche, und schon will er eine Flugverbotszone für andere Vögel einrichten! Das Telefon ist der Schlüssel, mit dem er Sie in seinen kleinen Turm einsperrt.

Dieser Vogel leidet unter dem Gebrochener-Flügel-Syndrom. Seine demonstrative Verletzlichkeit ist ein mächtiges Mittel, um seine krankhafte Anhänglichkeit zu entschuldigen. *Übersetzt hieße das:* »Meine letzte Freundin hat mich betrogen, deshalb mache ich dich wahnsinnig, indem ich dich ständig belagere und mit allen erdenklichen Methoden kontrolliere.«

Der verwundete Vogel ist manipulativ. Vorschnelle Freunde werden gelegentlich sogar zu Stalkern. Was anfangs noch »rührend« wirkt und sich leicht mit ernsthaftem Interesse an Ihrer Person verwechseln lässt, wird später oft zu erdrückender, erstickender und ermüdender Dominanz.

LEKTION: Sobald Sie sich eingeengt und kontrolliert fühlen, lassen Sie den Kerl umgehend sausen!

Heiratswillige Männer

Trotz aller Besonderheiten der einzelnen Rassen gibt es ein Unterscheidungsmerkmal, das alle Männer dieser Welt in zwei Arten teilt: die Heiratswilligkeit. Heiratswillige Männer fühlen sich in einer Beziehung *wohl.* Tatsächlich brauchen sie eine enge Bindung sogar. Heiratswillige Männer lieben es, jeden Tag einen besonderen Menschen anzurufen – *denselben* besonderen Menschen. Man könnte diese Männer auch als Serien-Monogamisten bezeichnen. Wie auch immer – sie sind wunderbar!

Männerkennerwissen: Männer, die frei für eine Beziehung sind, lassen Sie nicht lange warten. In ihrem Leben gibt es keine Dramen, die einer Beziehung im Wege stehen.

Ein bindungsbereiter Mann ist offen und direkt, gibt seine Absichten zu erkennen und macht Ihnen nach einer angemessenen Zeitspanne (wünschenswert wären meist sechs bis zwölf Monate) einen Heiratsantrag. Er hat einen tollen Job an Land gezogen, will endlich ein Haus kaufen und hat keine Lust mehr auf Sex mit der Ex. Er fühlt sich wohl in seiner Haut, aber nicht *zu* wohl. Er ist ausreichend verletzlich, um dankbar zu sein, dass der Himmel ihm noch eine zweite Chance gibt – nämlich *Sie*.

Bindungsbereite Männer …
– fühlen sich allein nicht »vollständig«.
– wechseln von einer festen Beziehung zur nächsten.
– sprechen Sätze wie »Ich würde gern irgendwann heiraten« mit derselben Leichtigkeit aus, mit der andere sagen: »Meine Firma sucht noch eine Empfangsdame.«
– benutzen Wörter wie »wir«, »uns« und »wenn … dann«.
– schneiden von sich aus und ohne mit der Wimper zu zucken Themen wie »Ehe«, »Familie« und »Verantwortung« an.
– stellen Testfragen wie: »Wie war denn deine letzte Beziehung so?« oder sagen: »Ich kann gar nicht fassen, dass du noch nicht verheiratet bist!«

Bei einem solchen Mann können Sie sich entspannt zurücklehnen, denn er wird sich um alles kümmern, was bedeutet, dass Sie sich fröhlich um Ihr gemeinsames Wohlbefinden kümmern können.

Der Hahn im Korb
(oder auch: Der eingefleischte Junggeselle)

Und dann gibt es die Junggesellen. Sie sind ohne Frau meist genauso glücklich wie mit, und dementsprechend verhalten sie sich auch. Da sie beziehungsunfähig sind, verfügen sie häufig über ausgezeichnete Verführungskünste, denn sonst würden sie *nie* eine Frau ins Bett kriegen.

Der eingefleischte Junggeselle hat eine so idealisierte Vorstellung von einer Partnerin, dass keine normal sterbliche Frau sie je erreichen könnte oder wollte. Er verehrt Sie wie eine Göttin und huldigt Ihnen drei berauschende Wochen oder Monate lang, aber dann heißt es: Aufgepasst! Plötzlich nervt ihn Ihre Pollenallergie, und dass Sie doch nur ein *Mensch* sind, kann er letztlich nicht verwinden.

Wenn Sie allerdings annehmen, er hätte ein Herz aus Stein, so liegen Sie falsch. Der eingefleischte Junggeselle ist *schwer* verliebt ... in sich selbst. ANMERKUNG: Dieser Mann ist ein Egoist – nur nicht im Bett. Und hier kommen Sie ins Spiel ... bis die Federn fliegen!

Männerkennertipp: Der Junggeselle will von Frauen nur das eine: Sex. Und den bekommt er von den meisten Frauen, ohne sich in irgendeiner Weise binden zu müssen.

Der eingefleischte Junggeselle hat ein geradezu unverschämtes Bedürfnis nach »Freiraum«, den keine Frau ihm gewähren kann, was sie letztendlich vertreibt. Seine starren Grenzen halten Sie in sicherem Abstand, um echte Nähe und konkrete Erwartungen in eine gemeinsame Zukunft zu verhindern. Sobald er das Gefühl hat, emotional in die Ecke gedrängt zu werden, gerät er in Panik. Das ist zugleich ein Grund dafür, dass dieser Typ Mann am liebsten mit jungen Frauen ausgeht. Er weiß, dass diese häufig noch nicht so bindungsbereit wie ältere sind und ihn deshalb nicht unter Druck setzen werden.

Männerkennerwissen: Eingefleischte Junggesellen denken, dass Frauen zu ihrem Vergnügen da sind und ausgetauscht werden können wie verbrauchte Batterien. Sind Sie austauschbar? Sicher nicht!

So erkennen Sie einen eingefleischten Junggesellen:
- Er ist immer noch so traumatisiert von einer früheren unglücklichen Beziehung – zu seiner Mami oder einer Ex –, dass nicht mal eine Therapie helfen würde.
- Er witzelt darüber, wie »unglücklich« all seine glücklich verheirateten Freunde seien.
- Seine häufigsten Wörter sind »ich«, »mich«, »mein« und »vielleicht«.
- Falls er mal verheiratet war, ist er ganz sicher fremdgegangen!

Ein eingefleischter Junggeselle heiratet nur, wenn ...

A) ... er »aus Versehen« eine Zweiundzwanzigjährige schwängert (für sie war es kein Versehen) und dann versucht, das Richtige zu tun. Aber er wird das Familienleben hassen, sie betrügen, ihr die Schuld daran geben, sie verlassen und deswegen die nächsten siebzehn Jahre zetern wie ein Rohrspatz.

B) ... ein Ereignis eintritt, das sein Leben verändert und ihn das Thema Beziehungen in völlig neuem Licht sehen lässt – etwa, wenn er fünfzig wird, mit dem Alter oder Krankheiten konfrontiert wird oder plötzlich unter Erektionsstörungen leidet. Sein Lebensstil erscheint ihm selbst nun ein wenig oberflächlich und egoistisch, und mit einemmal sehnt er sich nach – na, was wohl? – einem Familienleben. Also macht er sich auf, eine junge Frau zu suchen, die in Schwesterntracht heiß aussehen wird, wenn sie später seinen Rollstuhl schieben muss.

C) ... er einer Frau mit so unglaublichem Selbstwertgefühl begegnet, dass sie sich ihm verweigert. Sie setzt einen neuen Standard, dem er genügen muss, wenn er sie flachlegen will. Dies wird ihn derart verblüffen, irritieren und reizen, dass er ein besserer Mensch werden will. Doch so eine Transformation kommt derart selten vor, dass sie kaum erwähnenswert ist.

ACHTUNG: Wenn ein eingefleischter Junggeselle seine Schutzmechanismen tatsächlich so lange außer Kraft setzt, dass er sich in Sie verliebt, wird er spätestens dann, wenn es um eine ernsthafte Beziehung geht, kein emotionales Rüstzeug mehr zur Verfügung haben. Häufig ist er unreif und kleinlich, neigt zu Eifersuchtsszenen und wartet mit einer Menge anderer gestörter Verhaltensweisen auf. Sie werden bald feststellen, dass das Einzige, das er in eine Beziehung stecken möchte, in seiner Hose steckt.

Nicht Amsel, Drossel, Fink, sondern STAR (oder auch: Das George-Clooney-Syndrom)

Er ist zwischen vierzig und fünfzig und immer noch so fit, dass er keine Veranlassung sieht, sich fest zu binden. Die Frauen lieben ihn, seine Karriere führt geradewegs auf den Olymp, und das Angebot an erotischen Abenteuern scheint nicht zu versiegen. Er hat Chancen in jeder Alters- und Sexklasse, weil er charismatisch, gutaussehend und ... nun ja ... *er* ist. Er beherrscht es meisterhaft, dass Frauen sich in seiner Gegenwart als etwas ganz Besonderes fühlen, weil er Frauen liebt – entweder einzeln oder in vergnüglichen Zweier- und Dreierkombinationen.

Diese Männer sind nicht monogam. Sie brauchen es auch nicht zu sein. Was sind schon zwei Bonbons oder drei, wenn man die ganze Tüte haben kann?

Männer mit George-Clooney-Syndrom rotten sich häufig mit anderen reichen, gutaussehenden und gleichermaßen bindungsunwilligen Männern zusammen. Dauerhafte Beziehungen führen sie nur miteinander. Ansonsten sind sie ausschließlich für Sex und Spaß zu haben oder für langfristige, nicht-exklusive sexuelle Arrangements und manchmal auch für medienwirksame, durch außereheliche Aktivitäten gezeichnete Ehen.

Falls Sie nicht gerade ein aufstrebendes Filmsternchen sind, kommt so ein Mann für Sie auf keinen Fall in Frage. Diese Typen treten erst dann kürzer oder denken ans Heiraten, wenn sie Mitte bis Ende fünfzig sind – und wer will sie dann noch haben?!

WARNUNG: Diese abenteuerlustigen Junggesellen taugen für erbauliche Schaukelstuhlerinnerungen. Sie sind sehr aufregend, aber die extremen Höhen und Tiefen können einem schon zusetzen. Also am besten liegend zu genießen! Aber sagen Sie nicht, ich hätte Sie nicht gewarnt, wenn es zum unvermeidlichen abrupten und herzzerreißenden Ende kommt.

Ja, ich weiß ... darum hat Gott ja auch Freundinnen erschaffen.

15. LEITLINIEN ZUR VERMEIDUNG VON LIEBESKUMMER

Frauen projizieren ihre romantischen Gefühle gern vorschnell auf das Objekt ihrer Begierde. Dieses Phänomen tritt bereits bei Mädchen zu Beginn der weiterführenden Schule auf, wenn sie ihre Kladden mit dem Namen des umschwärmten Jungen vollschreiben und dabei kleine Herzchen auf die i-s setzen. Hier ein Beispiel aus meiner Siebtklässlerkladde:

David Boyd
D. Boyd
Mrs. David Boyd.
Mr. and Mrs. David & Lauren Boyd
Lauren Boyd ...
mmmmmmmmmmmmmmmmmmmmm

Diesen David Boyd hatte ich noch nicht einmal geküsst. Dennoch träumte ich viele Siebtklässlerstunden davon, mit ihm verheiratet zu sein. Hätte David Boyd gewusst, dass ich ihn mag (und auch, wie sehr!), wäre er wohl entsetzt gewesen. Doch es gelang mir, meine Liebe vollständig vor ihm zu verbergen. Ich schwärmte für ihn, wie nur ein dreizehnjähriges Mädchen schwärmen kann, das jegliches romantische Bekenntnis für ebenso peinlich hält, wie im öffentlichen Schwimmbad einen Bikini zu tragen.

Jahre später erkannte ich den Nachteil dieses emotionalen Überschwangs: Männer mögen diese Schwärmerei nicht. Sie fühlen sich von ihr bedrängt und reagieren angespannt darauf. Und werfen Ihnen vor, *anstrengend* und *nervig* zu sein!

Wenn Sie Ihre eigenen romantischen Gefühle auf einen Mann projizieren, laufen Sie Gefahr, die »Beziehung« unangemessen aufzubauschen (entweder allein oder mit Hilfe Ihrer gleichermaßen begeisterten Freundinnen), während Sie erst bei der dritten Verabredung sind. Die meisten Männer ergreifen dann, vermutlich nicht ganz unberechtigt, die Flucht.

WARNUNG: Am Anfang zeigt ein Mann nur sein Bestes, um Sie zu überzeugen, dass er genau der tolle Typ ist, von dem er schlauerweise ahnt, dass Sie ihn in ihm sehen wollen … Schließlich sind Sie dann besser rumzukriegen!

Fairerweise muss ich zugeben, dass selbst die erfahrenste Vogelforscherin in Versuchung gerät, ihre Grundausbildung zu vergessen und sich wie eine Vogelnovizin zu verhalten, wenn sie von einem hinreißenden, knackigen Kerl hofiert wird. Sie begeht womöglich fatale Vogelfangfehler (sie gesteht beispielsweise, wie lange sie schon keinen Sex mehr hatte …) und landet voller Lust, aber ohne Slip auf der Rückbank eines Autos.

DIE LÖSUNG: Immer schön langsam! Ihr Informationsstand weist noch RIESIGE Lücken auf. Vertrauen entsteht erst im Laufe der Zeit, wenn Sie sehen, dass die *Taten* eines Mannes seinen *Worten* entsprechen. Um sich vor unnötigen Enttäuschungen zu bewahren, sollten Sie

Ihre bisherigen Erkenntnisse einem vertrauenswürdigen Mitglied Ihres Forscherinnenteams anvertrauen und eine zweite Meinung einholen. Damit tun Sie dem Forschungsprotokoll Genüge und verhindern, dass Sie den rechten Umgang mit Vögeln vergessen.

Männerkennertipp: Wenn Sie auf Seite 126 der Love Story sind und er nur im »Penthouse« blättert, ist Ihre Romanze vielleicht *Viel Lärm um nichts*. Am besten, Sie holen das Kamasutra und schlagen – gemeinsam! – dieselbe Seite auf ...

Ziehen Sie keine voreiligen romantischen Schlüsse

Sie beide lieben Romane des 19. Jahrhunderts, Sex in der Besenkammer und Zitronenkuchen. Sie denken: *Mon dieu!* Dieser Mann ist perfekt für mich!

Ist er das wirklich?

WARNUNG: Fehlerhafte romantische Recherche lässt leicht entflammbare Frauen vorschnell falsche Schlüsse ziehen!

BEISPIEL: Der Mann erscheint pünktlich an Ihrer Wohnungstür, und Sie verfrachten ihn aufs Sofa, während Sie noch die passende Handtasche suchen. Wenn Sie wieder ins Wohnzimmer kommen, versucht er gerade, mit Ihrer normalerweise wenig menschenfreundlichen Katze zu spielen ...

Jetzt geht vermutlich Folgendes in Ihrem Kopf vor:

Gedanke 1: Na, sieh mal einer Miezchen an. Sie scheint den Kerl wirklich zu mögen! … O weh … Miezchen versucht jetzt, an seinem Hemd hochzuklettern und sich auf seinen Kopf zu setzen. AUTSCH! Das muss weh getan haben – aber er regt sich überhaupt nicht auf! Was für ein toller Typ!

Gedanke 2: Ich liebe ihn!

Gedanke 3: Er wird bestimmt mal ein wunderbarer Vater!

Nun frage ich Sie: Wie sind Sie von Gedanken 1 zu Gedanken 2 gekommen? Herrje, während wir hier reden, haben Sie noch einen weiteren gehabt:

Gedanke 4: Unser zweiter Sohn wird Niklas heißen!

Und noch einen …

Gedanke 5: Er wird großartig aussehen, wenn er den Jungs Fußballspielen beibringt!

Sie haben Ihre Assoziationen zu einer logischen Kette verbunden und genau das Bild entworfen, das Sie sehen wollen. Und dann fangen Sie auch noch eifrig an, es bunt auszumalen. Was Sie allerdings nicht wissen, ist, dass besagter Typ gerade eine Vasektomie hat vornehmen lassen. Wenn er es Ihnen in sechs Monaten erzählt, denken Sie sofort: Ach, das kann man wieder rückgängig machen! Ich bin sicher, er kümmert sich darum, sobald wir verlobt sind!

DAS PROBLEM: Sie verpassen den richtigen Moment für das dazugehörige Gespräch! Oh, Sie werden es führen, ganz bestimmt, aber erst in zwei Jahren. Dann aber, meine Liebe, werden Sie garantiert *stinksauer* sein! (Und zwei Jahre älter.)

Bis dahin klammern Sie sich fest an Ihren Glauben, dass sich alles schon so entwickeln wird, wie Sie es wollen.

Luftschlösser der Liebe

Diese Gebäude bestehen aus einer Kombination von romantischem Wunschdenken und mutwilliger Leugnung der Tatsachen. Damit Sie nicht Gefahr laufen, beim Resümee der Dinge, die sich vor Ihren Augen abspielen, einen Totenkopf mit gekreuzten Knochen zu erkennen, ersetzen Sie das, was Sie sehen, durch das, was Sie sehen möchten, ordnen dies geschickt neu an und erhalten so ein Bild, das Ihnen weitaus besser gefällt.

»Hey, wenn ich Punkt zweiunddreißig hier ausradiere und da rüberschiebe, sieht der Totenkopf aus wie ... eine Krone! Ich liebe Kronen!«

An diesem Punkt bewegen Sie sich zweifelsohne fernab von Objektivität und Vernunft. Ihre Freundinnen schütteln allesamt den Kopf und warnen: »Was, um alles in der Welt, findest du bloß an diesem Kerl? Er ist ein Schürzenjäger, ein Spieler, ein Spinner und ein Schwachkopf! Also, das soll einer verstehen!« Sie jedoch sind allen Anklagen gegenüber blind. Sie sind in das wundervolle Bild verliebt, das Sie selbst gezeichnet haben, und werden es auf keinen Fall von der Kühlschranktür nehmen.

Männerkennertipp: Der Mann vor Ihren Augen wird selten so attraktiv sein wie der, den Sie gern sehen würden, also beachten Sie, dass eine Leugnung der Realität nur in homöopathischen Dosen empfehlenswert ist.

WARNUNG: Wunschdenken bei der Männerauswahl ist reine Zeitverschwendung! Es führt dazu, dass Sie sich in einen Mann verlieben, der vollkommen anders ist, als Sie es sich eigentlich wünschen, während Sie sich einreden, er werde sich irgendwann von ganz allein in Ihren Traummann verwandeln. Doch dieses Irgendwann wird es nie geben!

Und während Sie sich in den falschen Mann verlieben, spaziert der richtige vielleicht gerade davon.

VORTEIL: Den Falschen nicht sofort zu erkennen ist zwar schreckliche Zeitverschwendung, ermöglicht Ihnen aber, Ihre Dessous-Kollektion auszuführen. Falls Sie sich auf den letzten Seiten wiedererkannt haben, verzagen Sie nicht – bis zur Verleihung des schwarzen (Strumpfhalter-) Gürtels fehlen Ihnen nur noch ein paar Übungseinheiten.

Romantische Trainingseinheit (obligatorisch): Sollten Sie seit letzter Woche mit jemandem ausgehen, der für Sie »der Eine« sein könnte, stellen Sie sich folgende Fragen:

1. Hatten Sie dieses Gefühl schon einmal?

2. Wie oft? (Haben Sie gerade zwölfmal gesagt?)

3. Beruhen Ihre Gefühle auf Intuition, oder sind Sie sich *ganz sicher*?

Falls Sie mit Ihrer Intuition immer zu hundert Prozent richtigliegen, rufen Sie mich bitte an. Ich habe einen Ohrring verloren und kann ihn nicht wiederfinden. Alle anderen, die stets überzeugt sind, dass das Flugzeug diesmal bestimmt abstürzt (was nie geschieht), die sicher sind, sich nie wieder zu verlieben (es aber immer wieder tun) oder eine Tarantel im Bad zu finden (die sich dann als Hausspinne entpuppt), müssen ihre Intuition in regelmäßigen Abständen mit der Realität abgleichen, weil es sonst Monate dauern wird, bis Sie genau erkennen, dass der, mit dem Sie da regelmäßig Körperflüssigkeiten austauschen, ein ganz anderer ist, als Ihre Intuition Sie glauben lassen wollte.

FRAGE: *Warum hat Gott Highheels erschaffen?*
ANTWORT: Damit eine Frau sich jeden Schritt genau überlegt und die erste Phase einer romantischen Beziehung in angemessenem Tempo durchschreitet – und nicht in Windeseile hindurchhetzt.

Wenn man Chemie mit Harmonie verwechselt

Selbst die vernünftigste Frau wird schwach, wenn sie die vielbeschworene »stimmende Chemie« mit tiefer emotionaler Verbundenheit und Füreinander-geschaffen-Sein verwechselt.

Männerkennertipp: »Gute Chemie« ist lediglich der Hinweis auf Harmonie in einem einzigen Zimmer ... dem Schlafzimmer!

Leider müssen Sie in einer ernstzunehmenden Beziehung aber auch im Wohnzimmer, in der Küche und im Esszimmer gut miteinander auskommen. Erwecken wir Sie also aus Ihrem Sexkoma und finden heraus, worauf Ihre Beziehung tatsächlich hinausläuft. Und ziehen Sie Ihr Höschen wieder an! Da drüben ist es. Unter dem Sofa. Danke.

Harmonieren Sie miteinander?

In jeder Beziehung gibt es Alltagsprobleme, die man jedoch durch Toleranz, Geduld und liebevollen Umgang miteinander lindern kann. Gegensätzliche Einstellungen und unvereinbare Gewohnheiten können allerdings auch die heldenhaftesten Liebespaare in Streithähne verwandeln.

Haben zwei Partner unterschiedliche Vorstellungen hinsichtlich ihrer Beziehung, ist es unvermeidlich, dass ihre Flugbahnen sich irgendwann trennen. Sie werden entweder auseinanderdriften, sich um die Führungsposition streiten oder sich permanent gegenseitig an der Befriedigung ihrer Bedürfnisse hindern. Deshalb sollten Sie unbedingt prüfen, ob Sie auch außerhalb des Schlafzimmers harmonieren, bevor Sie gemeinsam abheben.

Männerkennertipp: Wenn Sie und der Mann unterschiedliche Vorstellungen von Glück haben, werden die gegensätzlichen Bedürfnisse Ihr gemeinsames irgendwann unweigerlich zerstören.

Checkliste zur Harmoniefähigkeit

Horchen Sie einen Mann auf jeden Fall gründlich aus, bevor Sie ihm Ihre Exklusivrechte gewähren. Die Antworten auf folgende Fragen werden entlarven, ob er es tatsächlich wert ist!

	Ja	Nein
– Haben Sie die gleichen Vorstellungen von der Art Ihrer Beziehung? (Ehe, lockere Beziehung, feste Beziehung, ohne Heirat, mit Heirat)		
– Wollen Sie beide Kinder?		
– Wollen Sie zusammen wohnen?		
– Haben Sie denselben Lebensstil?		
– Haben Sie ähnliche Vorlieben? (Zigaretten, Alkohol, vegetarische Ernährung)		
– Haben Sie oder er eine Angewohnheit, ein Laster oder ein Geheimnis, die das Wohlergehen oder Vertrauen des anderen beeinträchtigen könnte? (krankhafte Sucht, Neigung zum Fremdgehen, Vorstrafenregister)		
– Haben Sie dasselbe Wertesystem?		

- Sind Sie sich einig, wie Sie Ihre Finanzen regeln –
  gemeinsam oder getrennt?
- Gibt es äußere Umstände oder Bedingungen, die die
  Erfüllung Ihrer Beziehungsziele verhindern würden?

Männerkennertipp: Wissen ist Macht, also klären Sie Ihre Harmoniefähigkeit so früh wie möglich. Verwechseln Sie nie einen Geier mit einem Prinzenbussard!

Mit Samthandschuhen:
Die Kunst, ihn auszuhorchen

Sie werden alle gewünschten Informationen erhalten, wenn Sie zur richtigen Zeit die richtigen Fragen stellen. Ungezwungenes Geplauder wird ihn nicht weiter beunruhigen, sondern fröhlich ins Gezwitscher einstimmen lassen. Direkte Fragen zu stellen ist nur in den seltensten Fällen zu empfehlen, da die Qualität der Antworten in Zweifel gezogen werden muss (es sei denn, Sie legen die Bedingungen für Ihre gemeinsame Beziehung fest, aber dann ist es wirklich ein klärendes *Gespräch*, kein Aushorchen …). Bringen Sie auf jeden Fall Dinge zur Sprache, die die Beziehung Ihrer Meinung nach auf eine harte Probe stellen würden. Schneiden Sie pro Verabredung höchstens ein bis zwei dieser heiklen Themen an.

Sie wollen wissen, wie seine Pläne für die Zukunft aussehen? Versuchen Sie es so: »Ich überlege, meinen Kleinwagen gegen einen Kombi einzutauschen und aufs Land zu ziehen. Was meinst du, wie du in fünf Jahren lebst?«

Es interessiert Sie, wie er mit Geld umgeht? Dann sagen Sie: »Ich brauche einen Finanzberater. Hast du jemanden, den du empfehlen kannst? Oder was für Erfahrungen hast du gemacht?«

Sie sind neugierig, was er von Eheverträgen hält? Probieren Sie diese Taktik: »Stell dir vor: Am Tag nach der Verlobungsfeier kam der Verlobte meiner Kollegin plötzlich mit einem Ehevertrag an ... Dabei verdient sie viel mehr als er! Sie war vollkommen schockiert. Das hätten sie besser klären sollen, bevor sie die Hochzeitseinladungen verschickt haben – oder was meinst du?«

Sie merken sicher, worauf ich hinauswill. Beiläufig über potentielle Beziehungskiller zu sprechen wird Ihnen wertvolle Informationen liefern, ohne dass Sie Ihren Vogel aufscheuchen.

ANMERKUNG: Anders als beim »Schiffe versenken« reicht hier unter Umständen schon ein einziger Treffer, um eine Romanze den Bach runtergehen zu lassen. Verschaffen Sie sich deshalb früh einen Überblick über mögliche Schwachstellen Ihres Liebesschiffs. Natürlich ist es in einer Beziehung möglich, auch schwerwiegende Unverträglichkeiten und Unterschiede auszugleichen, solange beide Partner sich ihrer bewusst sind und nicht der irrigen Vorstellung anhängen, die Probleme könnten irgendwann auf wundersame Weise von allein verschwinden. Beide müssen sich nur über ihre Uneinigkeit einig sein und einen praktikablen Kompromiss erarbeiten. Kommunikationsbereitschaft ist das A und O.

Romantische Trainingseinheit: Nehmen Sie einen Rotstift und notieren alle Pros und Kontras Ihrer Beziehung. Schreiben Sie danach alles auf, was Sie von einem Mann erwarten, und kontrollieren, ob die zwei Listen zusammenpassen. Bingo!

Aus einem Spatz wird nie eine Taube

Alle Männer, selbst die putzsüchtigen rosa Flamingos oder die handwerklich begabten Dodos, leben nach dem Motto: »Was nicht kaputt ist, muss man auch nicht reparieren.« In den romantischen Kontext übertragen bedeutet das: »Gib dir keine Mühe, unsere Beziehung zu ändern. *Und mich schon gar nicht!*«

Männerkennerwissen: Kein Mann wird je der Meinung sein, Hilfe zu brauchen. Falls es sich doch mal einer eingesteht, dann steht er unter Medikamenteneinfluss.

Was jegliche Form eines Änderungsversuchs angeht, sind wir also echt aufgeschmissen.

Es wird Ihnen sicher schwerfallen, das zu glauben, aber ein Mann mag sich tatsächlich genau so, wie er ist, und hat sich, wenn Sie ihn kennenlernen, sein Leben genau so eingerichtet, wie es ihm gefällt. Er will nicht, dass Sie oder irgendjemand anders daherkommen und ihm Ratschläge erteilen, wie er sein Leben verbessern könnte. Es sei denn, er bittet darum. Und selbst, wenn er darum bittet, wird er Ihren Ratschlag letztendlich doch nicht annehmen; und wenn doch, wird er behaupten, es sei von Anfang an seine eigene Idee gewesen.

Männerkennerwissen: Alle Männer wollen so geliebt werden, wie sie sind. Sie wollen sich für uns nicht ändern müssen, selbst wenn sie das Gegenteil behaupten und meinen, sie würden sich wahnsinnig gern für uns ändern. Sie sagen so etwas nur, weil sie wahnsinnig gern Sex mit uns hätten.

Hier eine (nicht vollständige) Liste der Dinge, die einem Mann besonders am Herzen liegen:
– jede einzelne seiner schlechten Angewohnheiten
– der langsam seine Füllung verlierende Sitzsack in seinem Wohnzimmer
– seine schwachsinnigen Freunde
– Pupsen, Rülpsen und das Knacken mit den Fingerknöcheln

Verhandelbar: Seine Kleidung, Frisur und, so Gott will, eine Rückenenthaarung. Mit anderen Worten: alles, an dem Sie sich wortwörtlich aufreiben können.
Nicht verhandelbar: Alles andere.

Hunderte Jahre Vogelforschung haben ergeben, dass keine Frau, wie entschlossen sie auch sein mag, es je schaffen wird, eine in alle vier Himmelsrichtungen zwitschernde Nachtigall in einen sesshaften Hausgimpel oder einen soliden Pinguin in einen strahlenden Prinzenbussard zu verwandeln. Es funktioniert einfach nicht.

Männerkennertipp: Lieben Sie nicht den Mann, der er sein könnte. Es wird Sie nur verrückt machen. So schräg der Vogel auch sein mag: Bei einem Mann kriegen Sie eben genau das, was Sie sehen.

TIPP: Spätestens wenn Sie zusammenziehen, können Sie sein ganzes furchtbares Zeug einfach wegwerfen und es auf die Möbelpacker schieben.

16. SCHWARMBEWUSSTSEIN

»Sie macht sich einfach lächerlich, wenn sie allen Männern hier nachläuft.«
»Sei nicht ungerecht, India. Was kann sie dafür, dass die Männer auf sie fliegen?«

Vom Winde verweht

Falls Sie sich in letzter Zeit an diesen Ratgeber gehalten haben, wird sich Ihr Terminkalender inzwischen mit Verabredungen gefüllt haben. Nun wird es Zeit zu lernen, wie man eine Rangordnung erstellt, damit Sie sich mit mehreren Männern treffen können, ohne dass die Sache in einen Hahnenkampf ausartet.

Rangordnung

Eine Grundregel: Lassen Sie sich von Männern nicht die Flügel stutzen! Es ist wichtig, den neuen gefiederten Freunden Grenzen zu setzen. Und es gibt absolut keinen Grund, Mitgliedern des Schwarms Informationen über die Konkurrenz preiszugeben. Enthüllen Sie keine Details

über Ihr Vogelverzeichnis, bis ein Mann sich so sehr für Sie interessiert, dass er ausdrücklich eine feste Beziehung mit Ihnen eingehen will. Falls ein Mann aufdringliche intime Fragen stellt, lenken Sie das Gespräch kurzerhand auf neutrale Themen wie Metaphysik oder das Wetter.

Vögelflüstervorschlag:
Sie sitzen im Lokal und verspeisen gerade genüsslich Ihre Linguini, als Ihr Gegenüber plötzlich fragt: »Gehst du eigentlich auch mit anderen Männern aus?«

Darauf sagen Sie: »Ja, ich verabrede mich gelegentlich, aber das ist nichts Ernstes.«

Diese Antwort stammt aus dem Repertoire der Männer selbst. Und sie funktioniert. Selbst wenn Sie mit keinem anderen ausgehen, wirken Sie dadurch begehrt und begehrenswert, Sie setzen eine Grenze, und Sie schützen Ihre Intimsphäre.

Oder Sie probieren folgenden Einzeiler: »Im Moment bin ich Single.«

Wenn er nicht lockerlässt, sagen Sie: »Da gibt es nicht mehr Wissenswertes zu erzählen.«

Lassen Sie sich von einem Mann nie zur Herausgabe von mehr Informationen bringen, als er tatsächlich verdient. Bis er – und auch Sie – zu einer festen Bindung bereit sind, muss er nicht mehr wissen, als dass Sie ihn gern genug haben, um mit ihm auszugehen und die Zeit mit ihm (in welcher Form auch immer) zu genießen.

Männerkennertipp: Wenn Sie sich ausschließlich einem Mann hingeben, ist das ein Privileg, das er sich erst verdienen muss. Details Ihres Terminkalenders sollten topsecret bleiben, bis Sie beide ernsthaftere Absichten erklärt haben.

Ihre Exklusivrechte
als geheime Verhandlungsmacht

Stellen Sie sich vor, Sie besitzen ein hübsches Haus auf einem schönen Grundstück in erstklassiger Lage. Der Rasen ist vorbildlich gepflegt, die Büsche sind getrimmt, die Innenwände gestrichen. Und nun bieten Sie das Haus auf dem Immobilienmarkt an. Sie würden es doch sicher nicht zu einem Spottpreis verkaufen, nur weil Sie Angst haben, niemand könnte sich dafür interessieren, oder? Nein, Sie warten auf gute Angebote mehrerer Interessenten und verkaufen erst dann, wenn das Angebot Ihren Erwartungen entspricht oder diese sogar übertrifft.

MERKE: *Setzen Sie den Wert Ihrer Immobilie niemals zu niedrig an!*

FRAGE: Würden Sie Ihre Immobilie nur einem einzigen Interessenten zeigen, der noch nicht einmal sicher ist, ob er wirklich dort wohnen will? Auch wenn er behauptet, das Angebot gefiele ihm, ja, er »liebe« es geradezu, aber nicht sofort zuschlägt *(weil er insgeheim hofft, er werde noch etwas Besseres finden)*? Würden Sie, während er »in sich geht« und »die Sache überdenkt«, die Angebote anderer Interessenten ablehnen, die Immobilie auf unbestimmte Zeit für ihn reservieren, ihn sogar umsonst darin wohnen lassen, wegen seiner Allergie Ihre Katze weggeben ... *und auch noch mit ihm schlafen?*

Falls Ihnen das irgendwie bekannt vorkommt, sind Sie wahrscheinlich schon in eine schlimme und vor allem zeitaufwendige Falle geraten, die man auch »serielle Monogamie« nennt.

Serielle Monogamie: Sie lassen sich freiwillig auf eine fruchtlose Beziehung nach der anderen ein, die allesamt nicht in einer Langzeitbeziehung, Ehe oder Familie münden. Sie geben (unklugerweise) Ihr Einverständnis, auf unbestimmte Zeit monogam zu leben, weil Sie hoffen, der Mann werde den entscheidenden Schritt schon tun, wenn Sie ihn nur ausreichend lieben. Für einen Mann, der nicht bereit ist, sich fest an Sie zu binden, nehmen Sie sich bereitwillig vom Markt, weil a) Sie entweder wahnsinnig tollen Sex mit ihm haben oder b) er bei einer Bergwandertour beiläufig erwähnte, er wolle »vielleicht irgendwann einmal« heiraten. Sie stecken in dieser Beziehung fest, bis Sie erkennen, dass Sie Ihre Zeit vergeuden, und dann wiederholen Sie das Ganze mit einem anderen Kerl.

Der typische Mann sieht kein Problem darin, Beziehungen über lange Zeit hinweg unverbindlich zu halten. Und mit seinen Augen betrachtet, ist es natürlich auch keins: Männer können mit sechzig noch Vater werden. Wer würde da nicht den Erprobungszeitraum so lange wie möglich ausdehnen, wenn er damit durchkommt?

Männerkennertipp: Prüfen Sie rechtzeitig, wie hoch Ihr Liebesvogel in Ihre Beziehung zu investieren gewillt ist, bevor Sie sich vom Markt nehmen, und jagen Sie die zum Teufel, die es nicht ernst meinen.

In funktionierenden Beziehungen haben die Partner von vornherein ihre Erwartungen miteinander abgesprochen. Früher wurde eine Ehe als Geschäftsvereinbarung zwischen zwei Familien betrachtet. Zum Glück müssen unsere Väter heute niemanden mehr durch eine Mitgift bestechen, um uns unter die Haube zu bringen. Heutzutage wird von den Männern erwartet, dass sie sich freiwillig und *allein um unserer Liebe willen* an uns binden. Wenn eine Frau allerdings nicht sagt, was *sie* will, unterstützt sie passiv das, was *der Mann* will.

Falls Sie also immer wieder auf die Nase fallen, statt dass er vor Ihnen den Kniefall wagt, dann folgen Sie möglicherweise noch der veralteten Auf-gut-Glück-Männerfangmethode.

Die Auf-gut-Glück-Männerfangmethode: Sie drücken die Daumen und lassen sich »einfach treiben« in der Hoffnung, dass alles auf wunderbare Weise gutgehen wird, wenn Sie dem Glück nur freie Hand lassen (mit anderen Worten: dem Mann).

In Wahrheit sieht es so aus: Wenn Sie sich scheuen, Ihre Erwartungen zu formulieren, wird es reiner Zufall sein, dass Sie einen Mann mit der nötigen emotionalen Reife, Entschlossenheit oder Sensibilität finden, der Ihnen genau das gibt, was Sie wollen. Deshalb ist es so wichtig, dass Sie genau wissen, was Sie von Ihrem Partner erwarten, und es ihm auf eine Weise mitteilen, die selbst ein Mann verstehen kann.

Mantra: Ab heute werden Erwartungen ausgesprochen!

Ist der Spatz in der Hand besser als die Taube auf dem Dach?

Vergeude die Zeit nicht. Sie ist der Grundstock des Lebens.

Vom Winde verweht

Wenn Sie klug sind, schneiden Sie einem Mann gegenüber niemals das Thema Treue an. Warten Sie lieber, bis er es tut.

Männerkennertipp: Warten Sie immer darauf, dass ein Mann von Ihnen Treue verlangt und nicht umgekehrt.

Ein verliebter Mann wird Sie von ganz allein zu einem Treueversprechen drängen, normalerweise gleich nachdem Sie das erste Mal miteinander im Bett waren. Er will sichergehen, dass Sie auf sexuelle Avancen anderer Männer nicht eingehen. Verlangt ein Mann von Ihnen Monogamie, kann das folgendermaßen übersetzt werden: »Ich betrüge dich nicht, wenn du es nicht tust!« oder »Ich würde es gern unverbindlich mit dir probieren und abwarten, wie sich die Sache entwickelt.« Diesem vagen Arrangement zuzustimmen bedeutet für viele Frauen, kostbare Jahre ihres Lebens an den Falschen zu vergeuden, der am Anfang so sehr der Richtige zu sein schien! Frauen, die nie darüber nachgedacht haben, wie viel Zeit sie in eine feste Beziehung investieren wollen, bis ihre Langzeitziele erreicht sind, finden sich irgendwann in der Tretmühle einer ermüdenden sinnlosen Bindung wieder. Oder sie müssen miterleben, wie sich die Beziehung zu einem durchaus ehefähigen Liebesvogel wieder auflöst.

ANMERKUNG: Falls Sie noch sehr jung sind oder einfach nur Spaß haben wollen, können Sie sich natürlich gern auf diese Art unverbindlicher monogamer Beziehung einlassen. Sind Sie aber zum Nestbau bereit, beachten Sie Folgendes:

Männerkennerwissen: Sobald ein Mann Sie um Treue bittet, ist das Ihr Stichwort, um die Bedingungen für Ihre Kapitulation auszuhandeln!

Das Prinzip der Rangordnung: Eine Frau sollte Ihre Exklusivrechte erst dann gewähren, wenn der Mann eine Beziehung mit annehmbaren Bedingungen in Aussicht stellt. Widerstehen Sie der Versuchung, Ihre Exklusivität zu verschenken, bis er Ihnen einen wirklich guten Grund dazu bietet.

Kleine Jungen aussortieren

Bittet ein Mann Sie um Ihre Exklusivrechte, müssen Sie:

1. sicher sein, dass seine Vorstellung von einer Beziehung mit der Ihren vereinbar ist.

2. ein klares Zeitlimit setzen, bis zu dem Sie gewillt sind, Ihre Beziehung als »Testflug« zu verstehen.

Vögelflüstervorschlag:

Beginnen Sie damit, dass Sie ihm Ihre persönlichen Vorstellungen und Ziele einer Beziehung in ein oder zwei einfachen Sätzen mitteilen: »Ich würde dich gern öfter treffen. Aber du solltest wissen, dass ich letztlich [einen Ehemann, eine Familie, eine offene Beziehung] möchte. Und du?«

WARNUNG: Sollte ihm diese klare Ansage gegen den Strich gehen oder gar einen Schock versetzen, können Sie ihn entweder ganz sausenlassen oder am äußersten Rand Ihres Schwarms mitfliegen lassen. Hüten Sie sich jedoch vor der lahmen Ente, die nur herumflattert und sich nicht annähernd auf Ihre Bedingungen einlassen will. Falls Sie so jemanden erwischen, ziehen Sie ihn ruhig ein wenig auf und sagen: »Ich hoffe, du willst auch eine so große Familie haben wie ich. Bei uns gibt es viele Zwillinge!«

Schluck!

Männerkennerwissen: Egoistische und unreife Männer laufen vor emotionaler Verantwortung davon, so schnell sie können.

Lassen Sie Peter Pan ruhig aus dem Fenster fliegen und suchen Sie sich einen richtigen Mann!

17. VON BIENEN, BLUMEN UND VÖGELN

Vögel tun es, Bienen tun es, sogar die klugen Fliegen
tun es, also lass es uns auch tun – Liebe machen!

Cole Porter

Ewig lockt das Weib, und der Mann versucht mit allen Mitteln, es zu erobern. Das liegt jeder und jedem von uns in den Genen. Wenn eine Frau begriffen hat, dass der Mann die Jagd an sich schon liebt, wird sie ihn gern dazu anstacheln – nicht, um sich an seiner unerfüllten Lust zu weiden, sondern um seine Jagdlust zu schüren. Darum ist es immer gut, die Anfangsphase der Beziehung so lange wie möglich auszudehnen, bevor Sie die Büchse der Pandora öffnen. Erfahren Sie mehr über die hohe Kunst, die Augen offen und den Reißverschluss geschlossen zu halten.

Die hohe Kunst der Koketterie
(oder auch: Die Schlaumeierin)

Geheimnisvoll, grausam und diffus – was muss sonst noch über weibliche Verführungskünste gesagt werden? Ja, was sonst … außer, dass sie großartig sind. Und dass sie, genau wie alle anderen Arten von Vergnügungsjagden, voller Widersprüche stecken.

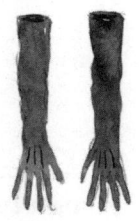

FRAGE: Wie oft gehen Sie mit einem Mann aus, bevor Sie mit ihm ins Bett gehen?

Einmal?   Zweimal?   Dreimal?   Mehr als fünfmal?

Den Schlaumeiern der »Cosmopolitan« zufolge hatten fünfundfünfzig Prozent der Befragten vorher drei Verabredungen. Anscheinend sind sich Männer und Frauen darüber einig, dass er nach drei erfolgreichen Treffen einen Treffer landen darf.

Unglücklicherweise ist eine Hofierphase dieser Länge für eine Frau viel zu kurz, als dass sie eine auch nur annähernd gründliche Recherche über sein romantisches Wesen durchführen könnte. Falls der Mann, mit dem sie sich verabredet, also nicht nur ein Spielzeug sein soll, profitiert die weise Männerkennerin davon, ihn zunächst nur als kokette Kokotte zu locken, bevor sie schließlich zur Tat schreitet.

Männerkennertipp: Fangen Sie gar nicht erst damit an, unverbindlichen Sex mit einem Mann zu haben, wenn Sie verbindlichen wollen – halten Sie ihn so lange hin, bis es ihm ebenfalls ernst ist.

Pheromone und Oxytocin: Das Chemikalienpaar namens Liebe

> *Sex bringt einen Mann nicht dazu, dass er sich verliebt. Das gelingt nur der Liebe. Aber Sex hilft dabei ungemein!*
>
> Lauren Frances, Vogelforscherin

Aus unserer Sicht ist es beunruhigend, aber umso wichtiger zu wissen, welche Vorkehrungen Mutter Natur traf, um dem Umstand zu begegnen, dass Frauen die schlechten Angewohnheiten der meisten Männer nicht ertragen können. Sie beschloss, uns zum Wohle der Arterhaltung unter Drogen zu setzen, und verabreichte uns ein »Kuschelhormon« namens Oxytocin, das uns augenblicklich an jeden Mann bindet, mit dem wir einigermaßen passablen Sex haben. Und wenn er uns gar einen Orgasmus verschafft, sind wir geliefert beziehungsweise ihm ausgeliefert, selbst wenn wir ihn zuvor gar nicht ausstehen konnten. Und je mehr Sex wir mit diesem Menschen haben, desto stärker fühlen wir uns an ihn gebunden, bis irgendwann allein sein Anblick, sein Geruch oder sein zerknittertes Hemd im Wäschekorb das glorreiche Gefühl der Liebe in uns auslöst sowie den Wunsch, ein Kind von ihm zu bekommen.

Noch beunruhigender ist, dass auch Männer dieses Hormon in sich tragen, jedoch in so geringen Mengen, dass es bei ihnen nicht den Wunsch nach Monogamie auslöst.

Mutter Natur fürchtete, dass Frauen – mit oder ohne Droge – Männer als zu geruchsintensiv und störend empfinden würden, um sie ständig im Haus zu haben, also musste sie einen Trick anwenden. Sie gab den Männern einen gegensätzlichen genetischen Befehl: »Geh hin, junger Haremsmeister, folge deinen Trieben und wohne den Frauen bei. Verbreite deinen Samen unter Vielen und vermeide die Gefangennahme!«

Das erklärt, warum Männer so viel mehr Zeit brauchen, um sich gefühlsmäßig an eine Frau zu binden. Es erklärt auch, warum sie sich so heftig einer Gefangennahme (Monogamie) widersetzen. Sie kämpfen dabei mit Mutter Natur selbst!

Männer versuchen als Erstes, in *Sie* einzudringen, bevor sie in die möglichen Tiefen einer Beziehung eindringen. Wenn ein Mann nach dem Sex also eine emotionale Bindung bekundet, nehmen Sie ihn bloß ernst, da er im Gegensatz zu Ihnen (der Hormontrunkenen) stocknüchtern ist!

Sobald ein Mann Sie mit seinen großen sexy Händen gekrallt hat, wird er Ihnen körperlich so nahe kommen wollen wie nur irgend möglich. Es kann aber auch sein, dass er nach der Eroberung sofort wieder davonfliegt (*siehe* Flugmuster, Seite 154).

Greifvögel verlieben sich erst nach geraumer Zeit, wenn sie Ihnen aktiv nachgestellt, in Zeiten des Getrenntseins an Sie gedacht und *erst dann* mit Ihnen geschlafen haben (diese Abfolge entspricht ihrem Jagdinstinkt). Wenn Sie mit einem Mann kokettieren, tun Sie ihm also einen großen Gefallen. Sie geben ihm den nötigen Raum ebenso wie die nötige Zeit dafür, dass sich seine Gefühle auch sechzig Zentimeter oberhalb seines Hosenstalls ausbreiten können.

Männerkennertipp: Ihn hart zu machen wird nicht sein Herz erweichen – das geschieht nur, wenn er sich nach und nach verliebt.

Um die Begierde eines Mannes zu schüren, geht man bei der Kunst der Koketterie stets einen Schritt vor und zwei winzige Schritte zurück. Der Mann wird einen tapferen Vorstoß wagen, um Sie zu verführen, und wird ihm die Eroberung verwehrt, muss er sich doppelt mühen. Derart am schnellen Vergnügen gehindert, leidet er wie ein Hund, und doch genießt er nichts mehr als diese süße Qual, da er sich im Zustand dauerhafter Erregung befinden wird. Erst nachdem er aufrichtig Treue geschworen hat, gewähren Sie ihm seine Beute ... und lassen ihn Ihr Mieder vom bebenden Busen reißen.

Erst wenn ein Mann in seinem sexuellen Drang gebremst wird, hat er die Möglichkeit zu erkennen, dass Sie mehr sind als nur ein Appetithappen. Lassen Sie sich nicht gleich von ihm verschlingen. Lassen Sie ihn lieber über mehrere Wochen hinweg stundenlang an sich knabbern! Entdecken Sie das Küssen neu, und ich verspreche Ihnen: Wenn Sie oft genug in Restaurants, Bars, im Auto oder Treppenhaus herumturteln … *wird er Ihnen irgendwann den Slip mit den Zähnen vom Körper zerren wollen.*

Wie man einen Mann am Köcheln hält

Wollen Sie einen Mann hinhalten, beachten Sie folgenden Ratschlag: Bitten Sie ihn nicht in die Wohnung, bevor Sie nicht bereit sind, ihn auch ins Schlafzimmer zu lassen.

Männerkennerwissen: Sobald ein Mann in Ihrer Wohnung ist, will er sich nur noch ausziehen.

Zwei grundlegende Gesetzmäßigkeiten zum Verhalten des typischen, sexuell stimulierten Männchens sollten Ihnen immer bewusst sein:

1. Männer wollen überall Sex haben, sei es im Werkzeugschuppen, im Fahrradkeller oder in den Gängen S bis V der örtlichen Leihbücherei. Ihre ersten Verabredungen sollten an öffentlichen Orten stattfinden und vor Ihrer Türschwelle enden. Sobald Sie einen Mann ins Haus lassen, kräht er

Ihnen womöglich noch vor Sonnenaufgang die Schindeln vom Dach. (*siehe* Puderspecht)

2. Es so mit einem Mann zu treiben, »dass er noch lange daran denkt«, wird nicht dazu führen, dass er Sie mehr begehrt. Das geschieht nur, wenn er sich ausmalt, es beim nächsten Mal endlich zum ersten Mal zu tun.

Männliches Sexualverhalten und die Zwei-zu-eins-Regel

Männer müssen lernen abzuwarten, bis sie dran sind, vor allem, da sie so wenig Zuspruch benötigen, wenn es denn so weit ist. Wissen Sie, was hinter all den scheinbar obskuren Bräuchen ritterlicher Tugend steckt, die heute noch befolgt werden – sei es, dass er Ihnen in den Mantel hilft, Ihnen die Wagentür öffnet oder in beschützendem Abstand hinter Ihnen das Lokal verlässt? Solche Höflichkeitsgesten sind für jeden jungen Mann die beste Übung für spätere gute Manieren im Schlafzimmer, wo er ebenfalls lernen muss, der Dame den Vortritt zu lassen und zuerst an ihr Wohl zu denken.

Männerkennerwissen: Männer sollten erst dann an die eigene Befriedigung denken, wenn sie ihre Partnerin mindestens einmal zum Orgasmus gebracht haben.*

Zwei Mal sind sogar noch besser und zählen zum Standard eines Gentleman. Außerdem weiß jeder gute Liebhaber, dass eine Frau, wenn sie in Fahrt gekommen ist, meist die ganze Nacht durchhält. Haben Sie kein schlechtes Gewissen, wenn der Mann sich dabei abrackern muss.

* Täuschen Sie den Orgasmus auf keinen Fall vor!

Körperliche Arbeit tut ihm gut ... und abgesehen davon können Sie hoffen, *dass er dadurch immer besser wird.*

Wie schreibt Mike Dugan in seinem Buch »Männer täuschen das Vorspiel vor – und andere wahre Lügen«? »Frauen brauchen nicht länger ... Frauen genießen länger!« Bestehen Sie also auf der Zwei-zu-eins-Regel!

Wie Sie die urmännliche Sexgebärdensprache entschlüsseln

Vor einem typisch männlichen Handzeichen möchte ich Sie warnen:

Fühl doch mal!

Kommt Ihnen das bekannt vor? Sie knutschen mit einem Mann herum, und plötzlich greift er nach Ihrer Hand, hält sie fest und legt sie auf seinen Schwanz (der mittlerweile die Größe eines Baseballschlägers hat). Selbst wenn Sie taub, stumm und blind wären, könnten Sie das Ding nicht ignorieren.

Die meisten Frauen werden irgendwann einmal Opfer dieser Handbewegung, aber nicht jeder wird ihre Bedeutung klar sein. Erlauben Sie, dass ich sie kurz erläutere, und ja, Sie dürfen meinen Stift borgen.

Diese Handbewegung ist das internationale Paarungssignal für: »Unsere Fummelei ist jetzt beendet. Wir gehen zur nächsten Stufe über. Ich hoffe, ich habe ein Kondom dabei.«

Man kann es mit dem Backen vergleichen: Nachdem der Teig genug geknetet wurde, kommen Sie um den Husarenzipfel nicht mehr herum.

WARNUNG: Vor allem gutbestückte Männer wollen Ihnen damit eine kleine Vorschau auf das geben, was noch auf Sie zukommt. *Im wahrsten Sinne des Wortes.* Falls Sie nicht wirklich bereit sind, jetzt aufs Ganze zu gehen, sollten Sie Ihre Hand lieber sofort weg- und sich zurückziehen. Er schaltet nämlich gerade in den Paarungsmodus um, und wenn Sie ihn später auffordern, »brav zu sein«, sich zusammenzureißen und einen auf fünfziger Jahre zu machen, werden Sie sich großen Ärger einhandeln. Sobald Ihre Hand seinen Penis berührt, wird er absolut keine Lust mehr haben, die Zeit zurückzudrehen und einfach wieder nur »rumzuknutschen«!

Männerkennerwissen: Männer marschieren vor- und nicht rückwärts, sowohl im Krieg als auch im Bett.

Ein zuvorkommender Mann achtet darauf, dass Sie sich wohl fühlen. Er bricht den Kontakt nicht ab, wenn eine Frau vernünftige Grenzen setzt. Er erwartet nicht wirklich, dass Sie ihm genau das geben, was er will und wann er es will. Ein anständiger Kerl, der wirklich an Ihnen interessiert ist, investiert die nötige Zeit, bis Sie beide auf derselben Seite Ihres Liebesromans angekommen sind.

Allerdings werden Männer sauer, wenn Sie sie absichtlich an der Nase herumführen (ja sagen und dann nein und dann ja und dann wieder nein) oder so unfair sind zu verlangen, dass sie ihren großen Zeiger auf die Zeit vor der Fummelei zurückdrehen.

In Männersprache übersetzt hieße das: Miststück.

So beruhigen Sie den wild gewordenen Vogel

1. Ziehen Sie Ihre Hand zurück und sagen: »Puh, hab ich einen Durst! Ich bin gleich zurück.«
2. Gehen Sie aus dem Zimmer, und geben Sie ihm eine Minute, sich zu fangen.
3. Kehren Sie zurück und sagen: »Mmmm ... leckeres kaltes Wasser!«
4. Will er trotzdem da weitermachen, wo er aufgehört hat, sagen Sie: »Ich fühle mich wirklich sehr geschmeichelt, aber ich bin noch nicht so weit. Können wir es ein bisschen langsamer angehen lassen? Ich brauche eine Verschnaufpause.«
5. Setzen Sie sich nicht wieder hin! Er wird die Botschaft verstehen. Öffnen Sie ihm die Tür, geben ihm einen Gutenachtkuss und sagen: »Ich freue mich schon darauf, dich wiederzusehen.« Scheuchen Sie ihn dann zärtlich hinaus.

Männerkennertipp: Respektieren Sie sein bestes Stück. Haben Sie Verständnis für sein Verhalten, aber halten Sie Ihre Hände davon fern, wenn Sie nicht zu weitergehender Vogelforschung aufgelegt sind.

139

18. SEX MIT SINGLEVÖGELN

Von Blüte zu Blüte ... –
Wie man Geschlechtskrankheiten
und Safer Sex anspricht

Beim Sex muss man sich in vielerlei Hinsicht schützen, das ist bekannt. Der beste Schutz besteht natürlich darin, monogam zu sein, nachdem beide Partner sich ihre Gesundheit ärztlich bestätigen ließen. Doch auch in der Hitze der ersten Nacht sollten Sie das Thema auf jeden Fall ansprechen, und das geht leichter, als man denkt: »Hast du irgendwas, das ich mir nicht einfangen sollte?«

Fragen Sie ihn aus. Und dann sind Sie dran. Wenn Sie feststellen, dass keiner von Ihnen unter irgendwelchen sexuell übertragbaren Krankheiten leidet, müssen Sie *trotzdem* ein Kondom benutzen, bis Sie sich gegenseitig auf Treue verständigt haben. Es ist sehr ritterlich, wenn ein Mann selbst dafür Sorge trägt, »sein Schwert zu verhüllen«, doch wenn er nicht vorbereitet ist, sollten Sie es sein. Haben Sie *immer* Kondome dabei, und vergessen Sie *nie*, sie zu benutzen.

Männerkennerwissen: Männer werden sich einem Kondom so schnell entwinden wollen wie ein Katze dem Halsband.

Falls der Mann versucht, der Gummizelle zu entgehen, kontern Sie folgendermaßen:

»Ich bin nicht so einer, der ständig ein Kondom in der Tasche spazieren trägt!«
»Tja, dann bin ich wohl so eine, denn ich hab eins dabei!«

»Ich spüre gar nichts. Lass mich das Ding abmachen.«
»Hm, vielleicht sollten wir lieber was anderes machen. Willst du ins Kino?«

»O bitte, du machst mich so heiß, ich kann jetzt nicht aufhören!«
»Halt! Stopp! Natürlich kannst du. Du ziehst jetzt das Kondom über, oder ich ziehe meinen Slip wieder an.«

»Mit dem Ding wird er nicht hart.«
»Kein Problem. Dann nehmen wir eben Viagra. Du wirst staunen!«

»Ich nehme sonst immer eins, also kann doch nichts passieren.«
»Toll! Was für eine Erleichterung. Aber wenn du mit mir schlafen willst, musst du auch jetzt eins überziehen.«

»Nur ein Mal! Bitte!«
»Nein, wenn du Liebe machen willst, sei so lieb und zieh eins über.«

»Ich halte mich zurück, das verspreche ich. Ich komme nicht!«
»Wie rücksichtsvoll von dir! Aber auch wenn du nicht kommst, musst du ein Kondom nehmen.«

»Mit mir bist du ganz sicher; ich hab mich vor zwei Monaten erst testen lassen.«
»Ich bin froh, dass du es damit so genau nimmst. Trotzdem darfst du dich mir nur mit Gummi nähern.«

WARNUNG: Nur Männer, die Sie aller Wahrscheinlichkeit nach tatsächlich mit etwas anstecken könnten, sagen Folgendes:

»Warum? Ich hab keine ansteckenden Krankheiten!«
»Hey, da bin ich echt erleichtert. Komm, wir ziehen dir

den Schutz über. Der sieht aus, als hätte er genau deine Größe.«

»So was nehme ich nie!«
»Prima! Wir können ja auch einfach nur Freunde sein.«

»Dann will ich nicht mit dir schlafen.«
»Endlich sind wir uns mal über etwas einig. Ich geh ins Kino. Tschüs.«

Männerkennerwissen: Wenn ein Mann ohne Kondom mit Ihnen schlafen will, macht er das bei anderen Frauen auch!

19. MÄNNLICHES PAARUNGSVERHALTEN –
Mit Vögeln auf Wolke sieben

Lassen Sie uns nun die sexuellen Besonderheiten des modernen Männchens näher betrachten und einige wertvolle Ratschläge dazu notieren.

Frühe Vögel

Manche Männer – selbstverliebte Sexprotze, sinnlich untalentierte Gockel und die meisten Achtzehnjährigen – entpuppen sich lästigerweise als frühe Vögel. Viele frühe Vögel sind der irrigen Annahme, dass sich mit ihrem eigenen Höhepunkt auch der Ihre einstellt und somit nun *alle glücklich und zufrieden sein können*. Der frühe Vogel wird tatsächlich so lange von Ihrer Befriedigung überzeugt sein, bis Sie ihm die Augen öffnen und ihm beibringen, dass er sich zunächst um Sie kümmern muss. Dies ist wohl der Grund, dass Mutter Natur potenzstrotzenden jungen Männern und vierzigjährigen Frauen einen ähnlich gearteten sexuellen Appetit verlieh ... damit der Mann die so dringend benötigte Lektion von einer Frau erhält, auf die er tatsächlich *hört*.

Männerkennertipp: Täuschen Sie nie vor, Sex zu genießen, wenn das nicht der Fall ist.

Wenn Sie Ihren eigenen Orgasmus zurückstellen, verstärken Sie auf passive Weise das nachlässige Verhalten des

Mannes. Es verleitet ihn zu der Annahme, dass das, was er tut, absolut ausreicht. Dadurch wird er im Bett faul und egoistisch, und seine nächste Sexpartnerin wird sich wieder mit demselben Problem befassen müssen. So geht das nicht, meine Damen!

Wie man den frühen Vogel ausbremst

Wenn er Sie das nächste Mal auf die Zielgerade drängt, bremsen Sie ihn, indem Sie »Hey, ich bin noch nicht so weit« in sein Ohr flüstern und diese Aufforderung, falls nötig, mehrmals wiederholen. Sehen Sie ihn dabei bedeutungsvoll an und lächeln verführerisch. Sie werden genau spüren, wann er die Botschaft verstanden hat, denn in diesem Moment wird er seinen Rhythmus verlangsamen und Sie ansehen wie der erste Mensch, der das Feuer entdeckte. Wunderbar! So kommen wir weiter.

Belohnen Sie ihn mit einem neckischen Lächeln und motivieren ihn, dieses langsame Tempo beizubehalten, indem Sie immer wieder sagen, wie gut es sich anfühlt, wie groß er ist, wie sehr er Sie erregt, bla, bla, bla … Sie wissen schon! Soll ein Mann in sexueller Hinsicht umerzogen werden, braucht er immer wieder verbale Ermunterung. Loben Sie ihn also ausgiebig, wenn er sich Ihretwegen anstrengt.

Männerkennerwissen: Gute Männer kommen als Letzte.

Der Langschwanzbuschsänger

Dieser Vogel hat allen Grund für sein Triumphgeschrei. Er ist der Meister der multiplen Orgasmen. Um eventuellen Problemen von Hyperventilation vorzubeugen, sollten Sie für alle Fälle die Nummer der Notaufnahme des nächsten Krankenhauses in Ihre Kurzwahlrufliste aufnehmen.

Weil sie wahre Sexgenies sind, können Langschwanzbuschsänger sich so oft paaren, wie sie wollen, und ihre Gene dabei weit und breit verstreuen. Um Ihretwillen hoffe ich, dass Sie einen der seltenen monogamen Vögel erwischt haben, aber wenn ein Mann dermaßen gut im Bett ist, liegt der Verdacht nahe, dass er viel Möglichkeit zur Übung hatte.

Ein Langschwanzbuschsänger demonstriert seine sexuelle Dominanz meist dadurch, dass er sein Weibchen umgehend ins »Sexkoma« versetzt. Dieses Verhalten entspringt häufig dem Versuch, eine feste Beziehung zu umgehen. Er hofft, Sie durch seine herausragende sexuelle Leistung derart zu beeindrucken, dass Sie einfach auf seinen Lustsporn aufspringen, ins Sexkoma fallen und vollkommen vergessen, irgendwelche Vereinbarungen zu treffen. Und für gewöhnlich liegt er damit richtig. Wenn er mit Ihnen fertig ist, werden Sie sich, *verdammt noch mal!*, unmöglich vorstellen können, wie Sie jemals ohne ihn leben konnten, und das weiß er.

Sollten Sie also einen Langschwanzbuschsänger in Ihrem Schwarm haben – Glückwunsch! Er ist ein toller Vogel, an dem man sich so genüsslich ergötzen kann wie an leckerem, verbotenem Essen. Vergessen Sie aber nicht, dass dieser Mann meist nur zur Vorspeise taugt und nie den Platz des Hauptgerichts einnehmen sollte. Falls Sie im Verlauf Ihrer Recherche allerdings entdecken, dass er nistbereit ist, haben Sie das große Los gezogen. Dann sind Sie diejenige, die Anlass zum Triumphgeschrei hat!

Der Königshahn

Polygame Despoten des Altertums haben viel mit Königshähnen gemein. Diese treulosen Männer benehmen sich, selbst wenn sie verheiratet sind, wie Singles. Bauern (wie auch Freundinnen) wussten schon immer, dass ein Königshahn der Paarung mit ein und derselben Henne nach einiger Zeit überdrüssig wird. Taucht indes ein neues Weibchen auf, will unser Vogel sofort ran und stellt für seine neue Eroberung eine deutlich größere Menge an Sperma bereit.

WARNUNG: Wollen Sie diesen Frauenschwarm festnageln, müssen Sie ihn im wahrsten Sinne des Wortes festbinden (wofür er vermutlich Handschellen vorschlagen wird). Er ist außerdem launisch und gefährlich, was ihn allerdings nur noch attraktiver macht. In dieser Affäre werden Sie das Gefühl haben, in Zeitlupe einen Verkehrsunfall zu erleben, bei dem Sie trotzdem nicht auf die Bremse steigen, weil der Typ einfach so verdammt heiß ist.

Auf einen Königshahn sollten Sie sich nur dann einlassen, wenn Sie die Sache genau so einstufen wie er: als ein heimliches Stelldichein in einem Luxushotel oder Motel – je nach Budget.

Sobald er Sie in den Krallen beziehungsweise im Bett hatte, wird er keine Zeit mehr für Sie haben. Er ist ein absoluter Ausweichkünstler und wird Sie sehr schnell auf die Ersatzbank setzen. Er ist auf Tournee, am Filmset, im Studio oder mit der Ehefrau im Urlaub … und auf der Jagd nach neuen Groupies, die seinen Raubtierinstinkt befriedigen.

Die einzige Möglichkeit, über ihn hinwegzukommen, ist abrupter Entzug, währenddessen Sie vielleicht Trost bei einem Dodo finden oder sich gleich einen Vibrator besorgen (oder beides), um die emotionale Entwöhnung voranzutreiben.

Um ihn zu locken, tragen Sie ein bauchfreies T-Shirt und spazieren in den hinteren Teil des Heuschobers. Dort wird er bereits von einer Horde heißer Hühner umringt sein. Kikeriki!

Die lahme Ente

Die lahme Ente leidet unter einem Zustand, der als »Geräteversagen« bezeichnet werden muss. Wenn sein kleiner Freund nicht gleich Habachtstellung einnimmt, geraten Sie nicht in Panik! Erfahrene Vogelforscherinnen ignorieren Haltungsfehler beim ersten oder zweiten Feldversuch völlig gelassen. Manchmal braucht der »kleine General« einfach mehrere Scharmützel, bevor er das Feld erstürmen kann, daher rate ich, den Männern ruhig ein paar Übungsläufe zu gestatten, bevor Sie die Kavallerie rufen.

Um einer lahmen Ente zu helfen, beruhigen Sie ihn durch Komplimente über seine zärtlichen Berührungen oder betörenden braunen Augen, deren Blick Sie bis in die Tiefe Ihrer Seele spüren. Verlieren Sie über sein Malheur keine großen Worte und geben ihm zwei weitere Chancen – wenn Sie den Vogel mögen. Vermutlich leidet er nur unter vorübergehender Versagensangst, weil Sie so verdammt sexy sind, und wird bald wieder voll einsatzfähig sein.

Werden Sie allerdings dreimal enttäuscht, handelt es sich vermutlich um ein psychisches oder medizinisches Problem, das mit professioneller Hilfe – und nicht von Ihnen – behandelt werden sollte. Entweder greift die lahme Ente jetzt zu Unterstützung in Form von beispielsweise Viagra, oder Sie ergreifen besser die Flucht vor einem Liebhaber, der Ihnen vermutlich mehr Probleme als Vergnügen bereiten wird.

Männerkennertipp: Landet er beim Liebesspiel dreimal hintereinander keinen Treffer, muss er runter vom Platz und sich einen anderen Coach suchen.

Manchmal hört man auch Sprüche wie: Um ein guter Liebhaber zu sein, braucht ein Mann nur zwei Finger und ein wenig Ausdauer. Tatsache ist, dass so etwas nur Männer sagen. Frauen stehen bekanntlich auf harte Fakten.

ANMERKUNG: Die lahme Ente lehnt die Zuhilfenahme von Viagra möglicherweise ab, weil es angeblich eine »Beleidigung seiner Männlichkeit« darstellt. Vielleicht schiebt er die Schuld an seinem Versagen sogar auf Sie. Darüber können wir nur lachen! Wie jeder weiß, liegt das Problem einzig und allein bei ihm.

Männerkennermanöver: Bieten Sie der lahmen Ente an, mit ihm gemeinsam Viagra auszuprobieren. Bevor Sie jetzt die Nase rümpfen, überlegen Sie bitte, dass das nichts anderes ist, als wenn Sie Ihren Kleinen zum Schulbus bringen und ihm beim Einsteigen helfen. Wie man weiß, wirkt Viagra auch bei Frauen stimulierend, und das Ergebnis kann ein markerschütternder Orgasmus sein!

Der Glücksvogel

 Damit ist *jeder* Kerl gemeint, der das Glück hat, mit Ihnen im Bett zu landen, Schätzchen!

Buhlerisches Girren und Gurren

Ein erregter Mann erzählt Ihnen fast alles, was Sie hören wollen. Männer sind verbal geschickt und daher gefährlich. Sie wurden in genügend Frauenfilme geschleift und haben ausreichend Folgen von *Sex and the City* gesehen, um genau zu wissen, nach welchen Worten Sie sich ihnen blind (und nackt) anvertrauen.

Typische Balzgesänge:

— »Ich war schon immer in dich verliebt, aber ich hätte nie gedacht, dass du tatsächlich mal mit mir ausgehst.«
— »Mit dir fühle ich mich so wohl, dass es schon fast unheimlich ist.«
— »Du erinnerst mich an die einzige Frau, die ich je geliebt habe.«
— »Ich konnte noch mit keiner Frau so reden wie mit dir.«
— »Du musst unbedingt meine Mutter kennenlernen.«
— »Du wärst bestimmt eine wunderschöne Schwangere!«

Männerkennerwissen: Männer wissen nur zu gut, was Frauen hören wollen. Daher trifft die Redensart »Er lügt, sobald er den Mund aufmacht« leider auf nicht wenige Exemplare zu.

Überhören Sie also während des Liebesspiels hervorgestoßene Geständnisse oder Vorschläge wie »Lass uns heiraten« oder »Ich liebe dich«. Was ein Mann beim Sex äußert, sollten Sie als wirres Gestotter eines Betrunkenen werten. Später wird er ohnehin auf vorübergehende Unzurechnungsfähigkeit plädieren oder behaupten, Sie hätten ihn falsch verstanden.

Männerkennerwissen: Nur wenn ein Mann seine Worte bei Tageslicht wiederholt, meint er sie tatsächlich ernst.

Wie man einen Dodo anlockt und wann ein Techtelmechtel sinnvoll ist

Wenn »der Richtige« einfach nicht in Sichtweite auftaucht, ist es womöglich der richtige Zeitpunkt, sich einen »Richtigen für die nächsten vier Wochen« zu suchen. Ziehen Sie ein kurzzeitiges Techtelmechtel in Erwägung, also Sex mit jemandem, der umwerfend aussieht, aber zu beschränkt ist, um sich in ihn zu verlieben. Ein Techtelmechtel ist die perfekte Wellness-Behandlung für die frischgebackene Singlefrau, die überarbeitete Karrierefrau oder jede Frau, die einfach nur Spaß haben will. Hierfür geeignet sind vor allem Dodos, die meist ein wohltuender Ersatz für den nicht aufzutreibenden Mr. Right sind.

Um einen Dodo anzulocken, lassen Sie ihn vor allem wissen, dass Sie in Stimmung sind.

Vögelflüstervorschlag, um einen Dodo anzulocken:

Sagen Sie im Brustton der Überzeugung: »Ich suche im Moment nichts Ernstes. Ich will einfach meine Freiheit genießen.« Die Botschaft ist klar: Sie wollen sich nicht binden, sondern einfach nur austoben. Auch der Satz: »Hattest du schon mal Sex in einem Geländewagen?«, wirkt Wunder.

Wie Sie seine Flügel stutzen:
Vom richtigen Umgang mit Schmutzfinken

Heutzutage bitten Männer selbst Frauen, die sie erst flüchtig kennen, in vollem Ernst um Ausschweifungen der verderbtesten Art. Diese Männer probieren einfach aus, wie weit Sie mit Ihnen gehen können, also fühlen Sie sich niemals gedrängt mitzumachen (es sei denn, Sie wollen es wirklich!). Folgende Tipps sollen Ihnen helfen, unerwünschte sexuelle Avancen teuflisch perverser Schmutzfinken abzuwehren.

Der Partnertausch (oder auch: Swinging)

Das wird er vorschlagen, wenn er Ihre beste Freundin vögeln, Sie aber nicht betrügen oder sich selbst die Mühe des Überredens ersparen will. Er will, dass *Sie* das für ihn erledigen. Manche mögen das, andere nicht; Sie sollten sich darüber im Klaren sein, zu welcher Gruppe Sie gehören.

VORTEIL: Partnertausch ist wie einen Pullover zu tragen, ohne die Etiketten abzuschneiden, so dass man ihn hinterher besser umtauschen kann.

FRAGE: *Ist Partnertausch besser mit jemandem, den man kennt, oder mit jemandem, den man nicht kennt?*

ANTWORT: Falls Sie nicht gerade ein großer Fan von Blind Dates sind, empfehle ich, dass Sie die Person kennen sollten. Sie wissen bestimmt, *was*

Ihnen gefällt, also wissen Sie vermutlich auch, *mit wem* es Ihnen gefallen wird.

Um sich aus der Affäre zu ziehen, antworten Sie auf die Frage, ob Sie sich einen Dreier mit Ihrer besten Freundin vorstellen könnten, einfach folgendermaßen: »Wenn sie endlich mal daran denkt, mir mein Lieblingsshirt wieder-zugeben, könnte ich es in Erwägung ziehen. Vorher leihe ich ihr bestimmt nichts mehr, und schon gar nicht mei-nen Freund!«

Drei mögliche Antworten auf die Dreier-Frage:

ER: »Hattest du schon mal einen Dreier?«

SIE: 1. »Zählt es, wenn die Katze mit auf dem Bett lag?«

2. »Ich hab damit aufgehört. Einer der beiden fühlte sich immer ausgeschlossen, und das war mir zu an-strengend.«

3. »Ach, weißt du, du reichst mir vollkommen aus. Du erfüllst all meine Wünsche, ein Dritter könnte dir im Weg sein.«

Männerkennertipp: Denken Sie immer daran, dass es zum guten Ton gehört, das Getauschte hinterher wieder zurückzu-geben, sonst wird aus dem Tauschen ein Täuschen ... und das hat nun wirklich keinen Stil!

Privatvideos

Sie sind die audiovisuelle Version der altertümlichen Kerbe am Bettpfosten (und die Vorstufe zu künftiger Erpressung). Männer, die Sie für die Nachwelt auf Film bannen wollen, präsentieren Ihr Hinterteil irgendwann beim Bierchen ihren Freunden. Filme dieser Art können und werden vermutlich gegen Sie verwendet werden. Falls Sie wirklich Lust auf eine private Pornoproduktion haben, stellen Sie sicher, dass diese Videos in *Ihrem* Besitz bleiben und nach dem feuchtfröhlichen Filmabend im Kreise Ihrer Freundinnen vernichtet werden.

Um sich aus der Affäre zu ziehen, sagen Sie: »Au ja, wir könnten doch auf der Hochzeitsreise ein Video drehen!« Denken Sie daran, sich von ihm eine Verzichtserklärung auf die Filmrechte geben zu lassen.

Verkleiden und Rollenspiele

Ich finde, jeder sollte wenigstens *einmal* im Leben den Hintern versohlt bekommen.

Um sich aus der Affäre zu ziehen ... (Hm, mir fällt gerade kein einziger guter Grund ein, es *nicht* auszuprobieren. Äh ... Wow! Ich bin platt. Werde später noch mal darüber nachdenken.)
TIPP: Wenn Sie auf den Knien um Gnade winseln, tragen Sie am besten Stilettos!

Liebe durch die Hintertür

Diese Bitte kommt vor allem von Bienenfressern und Schmutzfinken.
ER: »Baby, können wir's von hinten machen?«
SIE: »Darling, ich finde, eine Frau sollte sich auch noch etwas für die Flitterwochen aufsparen, meinst du nicht auch?«
TIPP: Wenn ein Mann Sie um diese Spielart des Intimverkehrs bittet, ist es immer ratsam, so zu tun, als wäre es für Sie das erste Mal!

20. FLUGMUSTER

*»Ach, Teuerste«, sagte Lancelot traurig, »ich liebe nur
Euch und keine andere auf der ganzen Welt. Und dennoch gibt es für mich viele Gründe, Eure Gegenwart
zu meiden.«*

Aus der Artussage

Fluchtreaktionen beruhen auf dem männlichen Bedürfnis
nach »Freiraum«. Je nach Mann entspricht das dazugehörige Flugmuster entweder kurzen Spritztouren oder Lang-
zeitausflügen. Nach mehreren Monaten der Informations-
beschaffung sollten Sie sein Muster kennen, so dass Sie in
der Lage sind, die Flugrouten und Lieblingsrastplätze
Ihres Vogels vorherzusagen.

Der flüchtige Freud:

Moderne Männer sind bei drohender Gefahr immer noch
denselben Hormonausschüttungen unterworfen wie die
Höhlenmenschen. Fürchtet ein Mann um seine Freiheit, be-
reitet sein Körper sich instinktiv auf den Kampf auf Leben
und Tod vor – oder auf die Flucht vor einem überlegenen
Gegner ... der in diesem Falle Sie wären. Machen Sie sich also
keine Vorwürfe: Schuld daran sind nur die Gene.

Nestflucht

Sie sind schon eine Weile zusammen, und jedes Mal, wenn
Sie über die Schulter blicken, ist er genau neb... *Was?*
Moment mal, wo ist er denn auf einmal hin? Oje, kommt
Ihnen das bekannt vor?

154

Sie erleben gerade das frustrierendste (und geheimnisvollste) aller männlichen Verhaltensphänomene. Sie waren beide im siebten Himmel, aber plötzlich braucht er »Freiraum«.

Sie sind verwirrt. Sie dachten, alles sei perfekt. Was ist passiert?

Wenn ein Mann über einen gewissen Zeitraum mit einer Frau intim ist und sich dieser Zustand allmählich stabilisiert, löst das bei ihm häufig folgenden Selbsterhaltungstrieb aus: Fluggeschwindigkeit drosseln, Ballast abwerfen! Durch Ihre Nähe haben Sie ungewollt sein natürliches Bedürfnis geweckt, wieder in die Freiheit zu entfliehen. Er sehnt sich danach, weite Kreise über der Tundra zu ziehen, ungehindert durch emotionalen Ballast (Sie) den Ausblick auf die herrliche Welt zu genießen und den Luftstrom unter seinen Flügeln zu spüren – und zwischendurch nach kleinen Mäuschen Ausschau zu halten …

Keine Bange! Nachdem er sich vergewissert hat, dass er noch fliegen kann, wird er, des Flatterns müde, wieder auf Ihrer Türschwelle landen, sofern er Sie liebt. Oder den Sex mit Ihnen (welches von beiden zutrifft, gilt es irgendwann herauszufinden).

Alle Männer besitzen ein inneres GPS (GeliebtenPositionsSystem), das ihnen nicht nur ermöglicht, ihre Beute zu lokalisieren und zu ihr

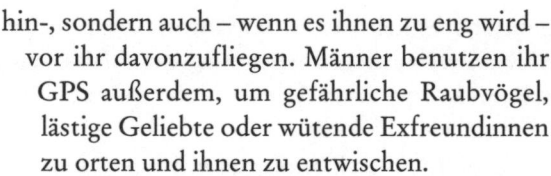

hin-, sondern auch – wenn es ihnen zu eng wird – vor ihr davonzufliegen. Männer benutzen ihr GPS außerdem, um gefährliche Raubvögel, lästige Geliebte oder wütende Exfreundinnen zu orten und ihnen zu entwischen.

Wenn er wiederkommt, nimmt die weise Männerkennerin sein Bedürfnis nach Freiraum nicht persönlich. Ruhig sagt sie: »Zwar habe ich noch ein Hühnchen mit dir zu rupfen, aber ich werde dir nicht die Augen auskratzen ...« Lassen Sie sich von ihm auf angenehme Weise entschädigen (am besten liegend).

Männerkennertipp: Verschließen Sie nie die Tür und hindern einen Mann am Wegfliegen.

Dieser Schuss wird nämlich nach hinten losgehen. Schreien, Weinen, Vasenwerfen sowie Mord- und Selbstmorddrohungen sind törichte Versuche, Einfluss auf ein Tier zu nehmen, dessen Fluchtversuche instinktiv gesteuert sind. Lassen Sie sich gesagt sein: Für jeden (vermeintlichen!) Sieg zahlen Sie einen hohen Preis. Männern graut es vor Frauen, die ihnen das Recht streitig machen, sich einer Wohnung, einem Gespräch oder auch einer Beziehung zu entziehen. Lockt einen Mann der Ruf der Wildnis, öffnen Sie einfach die Tür und lassen ihn fliegen. (Sie können ja immer noch hinter ihm zusperren.)

Wenn Sie ihm allerdings jedes Mal eine Szene machen, wird er sich erstickt und kontrolliert fühlen und immer mehr Möglichkeiten suchen, sich der Beziehung zu entwinden. Sie bringen ihn dazu, Ihnen zu misstrauen, und schüren Unruhe, Ärger oder passiv-aggressives Verhalten. Schlimmstenfalls fördern Sie Heimlichtuerei oder gar Feindseligkeit. Lassen Sie ihn ziehen. Sobald er ein paar Runden gedreht hat, ist sein Freiheitsdrang wieder verflogen, und er kehrt erfrischt, aufmerksam und vor allem *liebenswert* zurück. Ziehen Sie also die Krallen ein und schnurren.

Kurzstreckenflüge

Manchmal verlassen Männer das Nest auch nur, um sich zu vergewissern, dass sie nicht komplett unter der Fuchtel ihrer Partnerin stehen. Dieses Verhaltensmuster ist unter dem Begriff Kurzstreckenflug bekannt, häufig auch als: Kneipenabend mit Kumpels.

Mit majestätischem Blick observiert er das Terrain, trinkt ein paar Bier und fliegt wieder nach Hause. Es gab nichts Besonderes zu erledigen; er wollte nur mal kurz Luft schnappen, die Beine ausstrecken und sicherstellen, dass die Käfigtür offen steht. Manchmal dauert so ein Flug nur zwanzig Minuten. Dann läuft er mal eben zum Elektrofachmarkt, geht mit dem Hund spazieren oder fährt zur nächstgelegenen Bar und kommt wieder nach Hause. (Es sei denn, er hat schlechten Whiskey getrunken.)

Irrflüge

Die typische amerikanische Junggesellenparty ist ein hervorragendes Beispiel für solch einen ungeordneten Vogelflug, der meist im Schwarm unternommen wird. Manche Vögel legen eine beachtliche Distanz zwischen ihren üblichen Nistplätzen (Ihre Wohnung) und berechenbaren Partyzielen (Las Vegas!) zurück, wo sie dann mehrere Tage flügellahm in trunkenem Gelage verbringen. Diese ausschweifenden Ausflüge führen sie gelegentlich zu anrüchig dürftig bekleideten Weibchen. Aber keine Sorge – Stripperinnen wollen keinen Mann, sondern gutes Trink-

157

geld. Lassen Sie ihn also ziehen, und er wird von ganz allein mehr oder minder gerupft und mit hängenden Flügeln zurückkehren.

Sturzflug

Sie haben alle Vorsicht fliegen und alle Hüllen fallen lassen, weil Sie dachten, Sie könnten die Sache mit ihm ohnehin nie ernst nehmen, oder weil er so verdammt heiß war, dass Sie gar nicht widerstehen *wollten*. Und nun starren Sie aufs Telefon und fragen sich, wann er wohl anruft.

Männerkennerwissen: Ein Vogel, der mit Warp fünf fliegt, weiß – öfter, als wir meinen – ganz genau, dass das eigentlich viel zu schnell für ihn ist.

Seltsam, aber wahr: Männer kommen mit One-Night-Stands viel weniger gut zurecht als wir. Obwohl ein Mann meist nichts dagegen hat, ja es sogar darauf anlegt, ist ihm der frühe intime Kontakt im Nachhinein meist unheimlich. Er bekommt plötzlich das Gefühl, während eines Blackouts verheiratet worden zu sein, und trachtet nach rascher emotionaler Annullierung! Er hört die Käfigtür schon zuschlagen und möchte Ihnen durch sein Nicht-Melden schnell zu verstehen zu geben, dass das alles nicht so ernst gemeint war (jedenfalls *noch* nicht). Falls Sie ihn nicht nur als Liebhaber wollen, ziehen Sie lieber die Notbremse, bevor Sie ihn erneut ausziehen.

Vielflieger

Vielflieger kokettieren geradezu mit ihrem Problem der krankhaften Beziehungsunfähigkeit. Jedes Mal, wenn man mit so einem Kandidaten ausgeht, platzt er spätestens nach dem zweiten Drink mit der schlechten Nachricht heraus: »Als ich das letzte Mal eine feste Beziehung hatte, hat meine Freundin ihre Schuhe nach mir geworfen! Seitdem bin ich Single.« Nachdem Sie ein paar Mal mit ihm aus waren, wächst vermutlich auch in Ihnen das Bedürfnis, scharfkantige Gegenstände nach ihm zu werfen.

Beziehungsunfähige Männer wissen natürlich, dass mit ihnen etwas nicht stimmt. Das Problem ist nur, dass sie normalerweise nicht bereit sind, etwas dagegen zu unternehmen, sonst wären sie ja schon von ihrem Irrglauben, es könnte ewig so weitergehen, geheilt. Richtig schlimm wird es allerdings, wenn Sie mit einem Vielflieger Schluss machen wollen. Dann fängt er womöglich an, auf einmal leidenschaftlich um die Beziehung zu kämpfen.

Männerkennerwissen: Der Vielflieger wird sich weder fest binden noch endgültig trennen wollen. Er ist weniger beziehungs- als vielmehr entscheidungsunfähig, und Schluss zu machen wäre ja auch ein fester Entschluss.

Wenn Sie drohen, ihn zu verlassen, wird er Zeit schinden wollen, damit er sich »über die Beziehung klarwerden kann«.

WARNUNG: Sofern er sich nicht mit Hilfe eines Therapeuten Klarheit verschafft, wird er immer wieder zu dem Ergebnis kommen, dass Frauen ihm die Luft zum Atmen nehmen. Und sich schnell wieder davonmachen.

Sehr wahrscheinlich werden Sie diejenige sein, die Schluss macht, sobald Sie seine chronische Flugsucht erkannt haben. Grundsätzlich glaube ich allerdings, dass echte Beziehungsunfähigkeit nur sehr selten vorkommt und dass die Männer, bei denen wir erhöhte Fluchtgefahr diagnostizierten, einfach nur noch nicht zum Nestbau bereit waren. Irgendwann, später einmal, wird so ein Mann eine Beziehung eingehen, aber eben nicht mit uns. Und das ist unser Glück, denn bis dahin ist er fünfundvierzig, besitzt die Beziehungsfähigkeit eines Fünfzehnjährigen und die Unverfrorenheit, sich an eine Zwanzigjährige zu binden. Ich bin sicher, Sie haben zu dieser Zeit bereits Ehemann und Kinder – und den Typen von damals längst vergessen.

Besteht Fluchtgefahr?

Der Beziehungsunfähigkeitstest

	Ja	Nein
– Kann sich nicht eindeutig auf die Beziehung festlegen		
– Kann nicht Schluss machen		

- Bringt Worte wie »wir« nur zögernd über die Lippen
- Zuckt zurück, wenn Sie ihn in der Öffentlichkeit berühren
- Stellt Sie als seine »Bekannte« vor
- Ist angeblich allergisch gegen Ihre Katze
- Bezeichnet seine Scheidung als den glücklichsten Tag seines Lebens
- Hat keine Haustiere
- Verplant Weihnachten ohne Sie
- Fährt nicht mit Ihnen in den Urlaub
- Hat ausreichend Ersatz für eine feste Freundin, zum Beispiel einen Massagestuhl, eine Privatsekretärin, eine Köchin und eine Putzfrau

TIPP: Falls Sie bei drei oder mehr Punkten »Ja« angekreuzt haben, sollten Sie Handschellen kaufen.

Der Kampfläufer
(oder auch: Der unstete Zugvogel)

Der Kampfläufer ist wie der *Terminator** – feindselig und kampfbereit. Sein Verhalten ist durchweg passiv-aggressiv, und er hat es darauf abgesehen, Sie zu verletzen. Er ist der Mistkerl, der Sie zum Weihnachtsfest bei Ihren Eltern versetzt, Sie allein vor dem Traualtar stehen lässt oder einen Tag vor dem geplanten Urlaub einen Streit vom Zaun bricht und allein losfährt.

Der Kampfläufer versucht stets, Sie zu manipulieren. Er streitet mit Ihnen um irgendeine unerhebliche Kleinigkeit, nur um Sie von dem abzulenken, was er insgeheim

---

* Das Original, nicht der Nachfolger.

ausbrütet. Dieser *Köderstreit* soll Sie ins Schleudern bringen, damit Sie seinem eigentlichen Plan nicht auf die Schliche kommen (etwa, vor der Hochzeit Ihrer Schwester eine der Brautjungfern in der Garderobe zu verführen). Und dann – es ist unglaublich! – wird er *Ihnen* die Schuld an seinem schlechten Verhalten geben. »Tja, wenn du nicht so zickig gewesen wärst, wäre ich gar nicht auf die Idee gekommen, mit ihr zu schlafen!«

Diese Taktik dient allein dem Zweck, dass er sich besser fühlt, während er Ihnen den Boden unter den Füßen wegzieht. Kampfläufer gebärden sich wie Raubvögel, die bei drohendem Donnergrollen in einen wolkenverhangenen Himmel entschwinden. Schwere Regenfälle (Ihre Tränen) sind unvermeidlich.

Wenn ein Mann mehr als einmal ein derart niederträchtiges Verhalten zeigt, strafen Sie ihn mit lebenslanger Isolationshaft ohne die Möglichkeit auf vorzeitige Annäherung. Er ist romantische Ausschussware und ein hartgesottener Herzensbrecher. Schießen Sie ihn ab und rupfen Sie ihn!

Männerkennermanöver: Hören Sie auf zu hoffen, und fangen Sie an zu hassen! Manchmal kann Hass auch heilsam sein.

21. ENTSCHLÜSSELUNG
MÄNNLICHER GEHEIMSPRACHE

Folgende Vogelrufe sind für das schnell schreckbare moderne Männchen typisch. Ob Sie zwei Wochen mit ihm zusammen waren, zwei Monate oder zwei Jahre – mit Hilfe dieses Dechiffriersystems können Sie übersetzen, was er wirklich meint:

Ich ruf dich morgen wieder an.
ÜBERSETZUNG: »Ich will jetzt auflegen.«

Ich ruf dich bald wieder an.
ANMERKUNG DER AUTORIN: Der heutige Wissensstand der Männerforschung ermöglicht leider noch keine Deutung dieser Aussage.

Kein Problem.
ÜBERSETZUNG: »Ich hab's gehört. Du kannst jetzt aufhören zu reden.«

Nein, wirklich, das steht dir ausgezeichnet!
ÜBERSETZUNG: »Wenn ich dir jetzt die Wahrheit sage, bläst du mir heute Abend keinen mehr.«

Ich helf dir gleich – eine Minute noch!
ÜBERSETZUNG: »Mach es doch bitte selbst.«

Ich brauche etwas Abstand.
ANMERKUNG DER AUTORIN: Die Bedeutung dieser Worte hängt ganz und gar davon ab, in welchem Maß Sie ihn verärgert haben.
ÜBERSETZUNG: 1. »Ich will unsere Beziehung kurz-

fristig unterbrechen und mit meiner Sekretärin schlafen.«
2. »Mach mal halblang! Du setzt mich unter Druck, und
ich verpasse dir jetzt einen Denkzettel.« 3. »Ich mache
Schluss.«

Ich fühle mich in die Enge getrieben.
ÜBERSETZUNG: »Lass mich in Ruhe.«

*Ich brauche etwas Abstand, ich fühle mich in die Enge ge-
trieben.*
ÜBERSETZUNG: »Es ist Schluss. Und vergiss nicht,
deine Tampons mitzunehmen.«

Ich liebe dich, aber ich bin nicht in dich verliebt.
ÜBERSETZUNG: »Ich schlafe zwar noch mit dir, aber
du wurdest zur Auswechselspielerin zurückgestuft.«

Ich will im Moment keine Beziehung.
ÜBERSETZUNG: »Ich will keine Beziehung mit *dir*.
Aber wir können miteinander schlafen, bis ich eine Frau
finde, in die ich mich verliebe.«

Ich genieße gerade meine Freiheit.
ÜBERSETZUNG: »Ich habe gerade meine Freundin
verlassen und amüsiere mich prächtig. Aber du gehörst
zu den Spielerinnen, mit denen ich zurzeit am liebsten
trainiere.«

Ich will nicht heiraten.
ÜBERSETZUNG: »Ich will *dich* nicht heiraten. Aber ich
bin gern mit dir zusammen, bis du das Thema Heirat an-
schneidest. Dann werde ich dich daran erinnern, dass wir
das bereits am Anfang geklärt haben, und ich werde kein
schlechtes Gewissen bekommen, weil du selbst schuld
bist, wenn du mir am Anfang nicht geglaubt hast, als ich
sagte, dass ich dich nicht heiraten will, du alte Nervensäge!« (*siehe* Der Pferdefuß, Seite 79)

Ich will keine Kinder.
ÜBERSETZUNG: »Nun mal langsam! Machst du Witze? Ich habe ja nicht mal Grünpflanzen!«

Es liegt nicht an dir, es liegt an mir.
ÜBERSETZUNG: »Es liegt eindeutig an dir. Ich habe nur keine Lust auf eine langwierige Diskussion, nach der du noch wütender auf mich bist.«

Es liegt nicht an mir, es liegt an dir.
ÜBERSETZUNG: Es liegt eindeutig an *mir*, aber ich vertusche das so lange wie möglich, bis du irgendwann dahinterkommst und mit mir Schluss machst.«

Wir sollten mal was zusammen unternehmen.
ANMERKUNG DER AUTORIN: Kann vieles bedeuten.
ÜBERSETZUNG: 1. »Lass es uns zusammen probieren und abwarten, was passiert. Ich mag dich wirklich.« 2. »Du sitzt auf der Auswechselbank.« 3. »Ich bin nicht sicher, ob ich mich wirklich zu dir hingezogen fühle, also lass uns einfach was zusammen unternehmen und sehen, wie es ist.«

Lass es uns einfach probieren.
ÜBERSETZUNG: »Erwarte nicht zu viel. Aber wir können gern miteinander schlafen, wenn du das willst.«

Du bist wie eine gute Freundin für mich.«
ÜBERSETZUNG: »Ich will (im Moment) auf gar keinen Fall mit dir schlafen.«

Nicht jetzt, meine Liebe.
ÜBERSETZUNG: »Ich will und werde und kann keinen Sex mit dir haben. NIEMALS.«

Ich liebe dich.
ANMERKUNG DER AUTORIN: Um die Bedeutung

dieses Satzes korrekt interpretieren zu können, muss man den Kontext berücksichtigen, in dem er gesagt wurde.

ÜBERSETZUNG: 1. Beim Sex: »Ich liebe den Sex mit dir.« 2. Während eines Streits: »Ich versuche dich davon abzulenken, dass ich mit deiner besten Freundin geschlafen habe.« 3. Als erster Satz am Morgen: »Es ist mein voller Ernst: Ich liebe dich wirklich sehr.« 4. *Oh, mein Gott!!! Ich liebe dich!:* »Danke, dass du's geschluckt hast.«

Männerkennerwissen: Wenn Sie einen Mann fragen, was er gerade denkt, und er sagt: »Nichts.«, dann meint er das für gewöhnlich auch so. Wie Neandertaler sitzen Männer oft gern einfach nur so da, beobachten das Feuer und kratzen sich die Eier.

Kuriose Kontrollanrufe

Ist Ihnen je aufgefallen, dass Männer offenbar genau wissen, wann Sie nicht mehr an sie denken, und dann plötzlich anrufen? Ihr Herz zieht sich zusammen. Oder macht einen Satz. Oder bleibt stehen. Wie konnte er wissen, dass Sie schon so gut wie über ihn hinweg waren, und in genau diesem Moment anrufen?

Ich habe herausgefunden, dass Männer über ein inneres Sicherheitsabstands-Dauermess-System verfügen, das ihnen genau vorhersagt, wie lange Sie brauchen werden, um sich von welcher ihrer Missetaten auch immer zu erholen. Über diesen Zeitraum bleiben sie in sicherer Entfernung. Dann rufen sie an, um zu testen, ob sie Sie noch am Haken haben. Dieses Mess-System ist ein Überbleibsel aus der Steinzeit, als sie noch wilde Tiere aufspüren, jagen und mit möglichst tödlichen Verletzungen zur Strecke bringen mussten.

Oder haben vielleicht Männer übersinnliche Kräfte? Ach, was! Ich stimme für das Sicherheitsabstands-Dauermess-System.

Sie haben keinen Piep mehr gehört

Als das Telefon nicht klingelte, wusste ich sofort, dass du es warst.

Dorothy Parker

Er lässt sich plötzlich nicht mehr blicken, und Sie hören keinen Piep. Nichts ist aufreibender, als auf den Anruf eines abtrünnigen Geliebten zu warten! Ihre Stimmung wechselt von Erwartung zu Hoffnung zu Sorge zu Wut, und dann schaffen Sie es, sich wieder den Zustand der Hoffnung einzureden. Sie überlegen, ob Sie ihn anrufen sollen. Vielleicht ist er krank oder in Schwierigkeiten ... *Vielleicht wurde er von einem Bus angefahren?!*

Männerkennerwissen: Ruft ein Mann Sie nicht an, will er nicht mit Ihnen reden.

Zumindest nicht im Moment. Aber er wird anrufen, sobald er einsieht, dass er es muss, um Sie wiederzusehen. Warten Sie's ab. Halten Sie sich vom Telefon fern und löschen Sie seine Nummer, damit Sie nicht in Versuchung geraten, ihn anzurufen. Vertrauen Sie mir. Wenn ihm etwas an Ihnen liegt, wird ein Mann auf jeden Fall anrufen. Hoffentlich sind Sie dann gerade mit einem heißen Typen verabredet und können seinen Anruf mit einem lässigen »Na, wie geht's? Lange nichts von dir gehört!« entgegennehmen.

Laut Beziehungsguru Pat Allen kann man davon ausgehen, dass ein Mann, der sich nach zwei Monaten noch nicht wieder gemeldet hat, endgültig davongeflogen ist. Falls er sich allerdings binnen dieser acht Wochen meldet, ist er immer noch ein heißer Kandidat, also keine Panik! Vielleicht rührt er sich nur deshalb nicht, weil er gerade ernsthaft überlegt, ob er eine feste Beziehung mit Ihnen möchte. Also warten Sie's ab und lassen ihm seine Zeit.

Piepegal?

Seien Sie *immer vorsichtig* bei einem Mann, der mit Ihnen ins Bett geht und am nächsten Tag nicht anruft. Damit distanziert er sich von Ihnen und dem Akt und sendet die klare Botschaft: »Erwarte nichts von mir. Ich versuche mit der Masche durchzukommen, nach Belieben mal anzurufen, und wenn du das mitmachst … tja, umso besser! Ich würde gern wieder mit dir schlafen.«

Also denken Sie daran, auf sein Telefonverhalten nach dem Sex zu achten, um Hinweise auf seine Beständigkeit zu bekommen – es sei denn, Sie wollen nichts weiter, als mit dem sexy Eichelhäher hin und wieder eine Runde zu vögeln.

Männerkennermanöver: Wenn er dann schließlich anruft, denken Sie: »Das kann er seiner Großmutter erzählen«, und lassen ihn auf Ihre Mailbox quatschen. Hören Sie seine Ausreden ab und rufen Sie (frühestens!) zwei Tage später zurück, wenn Sie das überhaupt noch wollen. Dieser Kerl verdient weder Ihre Aufmerksamkeit noch das, was er Ihnen gegenüber so sehr vermissen lässt – Respekt.

Männerkennerwissen: Seltsamerweise ändert ein Mann gelegentlich seine Haltung, wenn Sie sich ebenso desinteressiert geben wie er selbst.

Wenn seine Masche, Sie auf Distanz zu halten, nicht so funktioniert, wie beabsichtigt (nämlich, dass Sie verunsichert werden und dadurch nur allzu bereit sind, ihn wieder aufzunehmen), könnte es passieren, dass er sich wieder an Sie heranmacht. Da wir den Männern zeigen müssen, wie wir von ihnen behandelt werden wollen, erteilen Sie ihm folgende Lektion: »Du kamst mir ein bisschen zu gleichgültig vor. Wenn du dich noch einmal mit mir treffen willst, stell dich darauf ein, dass es nicht im Schlafzimmer endet. Wir könnten Tischtennis spielen gehen.« Jeder Mann, der hiernach weiterhin zu Verabredungen bereit ist, sollte eine zweite Chance bekommen.

Aus heiterem Himmel

Es ist über zwei Monate her, dass er auf Ihrem Radar zu sehen war, und nun ruft er aus heiterem Himmel an. Wie reagieren Sie?

Falls krankhafte Neugier Sie dazu treibt, seinen Anruf entgegenzunehmen, sollte Ihr Ton freundlich, aber distanziert klingen. »Oh. Hallo, wie geht's?« Entscheidend ist, dass Sie NICHT FLIRTEN!

Es gibt nur fünf Gründe, die einen Mann dazu bringen, aus heiterem Himmel wieder anzurufen:

1. Nachdem Sie vorher eine Hauptrolle gespielt haben, will er Ihnen jetzt die Nebenrolle der guten Freundin zuteilen, und dafür ist nun genug Zeit vergangen.

2. Er ist gerade seine Telefonliste durchgegangen und möchte romantische oder sexuelle Kontakte wieder auffrischen.

3. Plan A mit einer Spielerin seiner ersten Mannschaft ist fehlgeschlagen, und nun braucht er einen Ersatz.

4. Er will seine Lederjacke zurückhaben.

Machen Sie sich im Geist eine Notiz: Zur Altkleidersammlung gehen!

5. Sie fehlen ihm tatsächlich, und er will es noch mal probieren.

Streit am Telefon

Von einem Streit am Telefon würde ich immer abraten. Es gibt keine Möglichkeit, den Streit mit einem Kuss oder, besser noch, Versöhnungssex zu beenden. Falls Sie gerade sehr wütend sind, lassen Sie seinen Anruf lieber gleich durch den Anrufbeantworter abfangen. So geraten Sie nicht in Zugzwang und haben Zeit, sich zu beruhigen. Ihr vorübergehendes Schweigen spricht Bände. So reden Sie mit ihm in seiner eigenen Sprache (Rückzug aus Raum und Zeit), und letztlich wird er Ihre Botschaft verstehen. Außerdem können Sie aus dem aufgezeichneten Zwitschern eine Menge Informationen ziehen, also hören Sie ganz genau hin … und entdecken vielleicht eine versteckte Entschuldigung.

Wissen, wann man sich rar machen sollte

Er antwortet auf Ihren Anruf oder Ihre E-Mail erst drei bis sieben Tage später. ACHTUNG: Sie haben bei ihm keine Priorität. Man kann ihm nicht direkt Unhöflichkeit vorwerfen, aber ganz offensichtlich fühlt er sich nicht gerade leidenschaftlich zu Ihnen hingezogen.

Männerkennertipp: Wenn sein Herz ihn nicht drängt, sich bei Ihnen zu melden, ist das kein gutes Zeichen für eine beginnende Liebesgeschichte.

Er ruft spät in der Nacht an. Gehen Sie nach zweiundzwanzig Uhr nicht mehr ans Telefon, es sei denn, er fliegt mit Ihnen nach Maui oder hat Ihnen seine tiefe und treue Liebe bereits gestanden. Ansonsten lassen Sie ihn einfach auf den AB sprechen und rufen ihn am nächsten Tag zurück.

Er ruft immer an, wenn Sie nicht da sind. Dieser Typ weiß ganz genau, wann Sie nicht zu erreichen sind, und hinterlässt dann eine Nachricht. Auf diese Weise kann er punkten, weil er sich gemeldet hat, gleichzeitig aber direkten Sprechkontakt vermeiden. Wie erbärmlich. Abschießen!

Er degradiert Sie von physischem auf analogen oder digitalen Kontakt. Ein Mann, der Sie liebt, will Ihre Stimme hören, Sie in seinen Armen halten und Sie leibhaftig vor sich sehen. Mit dem Kontakt über elektronische Medien würde er sich auf Dauer nicht zufriedengeben.

1. Lebt der Mann in Ihrer Nähe, sollte er Sie anrufen und versuchen, Sie persönlich zu treffen.

2. Hat er Sie sonst angerufen und schreibt jetzt plötzlich nur noch E-Mails oder SMS, sind Sie runtergestuft. Es handelt sich um eine Distanzierungstechnik, die Ihnen sagt, dass er einen Schritt zurücktritt, ohne Sie komplett vom Haken zu lassen. Sie sitzen auf der Ersatzbank.

3. Denken Sie immer daran: Verkehrt ein Mann nur noch virtuell mit Ihnen, ist er eine reelle Zeitverschwendung. Lassen Sie nicht zu, dass Telefonate, SMS oder E-Mails zu »Ersatzverabredungen« werden. Reden Sie nicht länger als fünf Minuten mit ihm und beenden das Gespräch dann mit den Worten: »Tja, es war schön, von dir zu hören. Danke für den Anruf, aber ich muss jetzt los!« Wenn ein Mann Sie vermisst, wird er sich mit Ihnen verabreden wollen, anstatt nur am Telefon mit Ihnen zu plaudern.

WARNUNG: Bevorzugt ein Mann virtuellen Kontakt, betrügt er vermutlich seine Frau.

Männerkennertipp: Simsen kann Küssen nicht ersetzen. Schütteln Sie virtuelle Vögel lieber gleich vom Ast!

22. WENN ER IHNEN IN DIE FALLE
GEGANGEN IST

Überfütterung des Vogels

Die meisten Frauen stellen, sobald sie etwas Neues ihr eigen nennen, eine beeindruckende Begeisterungsfähigkeit unter Beweis, die bisweilen exzessive Züge annimmt. Mein Kater zum Beispiel war ein frühes Opfer meiner überschwenglichen (und unerwünschten) Aufmerksamkeit. Ich glaube nicht, dass es ihm Spaß gemacht hat, in ein Puppenkleid gesteckt zu werden, und auf einem Foto kämpft er mit einem Kirschlolli, den ich ihm ins Maul gestopft hatte, »weil er das so gern mochte«. Mein Kaninchen musste zum Tierarzt, nachdem ich es einmal »aus Versehen« zu fest gedrückt hatte, und mein Spielzeugherd ging durch übermäßige Benutzung sehr schnell kaputt.

Wie so viele Frauen musste auch ich lernen, meinen Aktionsdrang zurückzuschrauben, der für mich mit dem Zustand emotionaler Begeisterung, wie es das Verliebtsein ebenfalls ist, automatisch einherging. Doch man begibt sich dabei auf gefährliches Terrain, vor allem in der Anfangsphase einer Beziehung (beschränken Sie sich da lieber aufs Enthaaren, Joggen und Staubwischen). Wenn Sie nämlich wie ein Derwisch in liebevoller Betriebsamkeit herumwirbeln, riskieren Sie, den natürlichen Instinkt des Mannes zu ersticken, selbst etwas zu tun und die Beziehung mit Ihnen *gemeinsam* aufzubauen. Männer sind praktisch veranlagt. Wenn Sie die ganze Arbeit machen, wird der Mann es als Entschuldigung nehmen, sich auf andere wichtige Dinge zu konzentrieren (zum Beispiel Fußball), denn in seinen Augen sind Sie ja gut beschäftigt.

Schenken Sie dem Mann nicht mehr Zeit, Energie oder Aufmerksamkeit als er Ihnen. Denken Sie daran: Männer verlieben sich, indem sie aktiv werden. Deshalb ist es wichtig, dass der Mann tatkräftig an der Beziehung arbeitet und um Sie beide herum ein Nest baut, um sein Territorium abzustecken. Wenn Sie immer schon einen Schritt weiter sind, wird er sich nicht ausreichend gewürdigt und somit überflüssig und unmännlich fühlen. Auf diese Weise kommen Sie bestimmt weder zu dem heißen Sex, den Sie verdienen, noch zum großen romantischen Finale.

Männerkennertipp: Ein Übermaß an Fürsorge betäubt den männlichen Paarungsinstinkt. Sollte der Mann in Liebesdingen faul geworden sein, liegt das vermutlich daran, dass Sie durch Ihren übermäßigen Aktionsdrang seinen Eroberungsdrang erstickt haben.

Wenn Sie im Treibsand feststecken, sinken Sie umso tiefer, je mehr Sie strampeln. An diesem Punkt treiben viele Frauen sich selbst noch tiefer in den Schlamassel, weil sie fälschlicherweise annehmen, sie täten nicht genug, um ihre Liebe zu zeigen. Voller Panik verdoppeln sie ihre willfährigen Anstrengungen in dem Versuch, seine Beachtung und Begeisterung neu zu beleben.

Aus diesem Sumpf können Sie sich nur dadurch befreien, dass Sie aufhören, sich wie hysterisch zu gebärden. Wenn er irgendwann wieder anruft (und das wird er, glauben Sie mir!), lassen Sie *ihn* die Verabredung treffen, lassen Sie *ihn* das Essen bezahlen und lassen Sie sich *von ihm* mit der Zunge verwöhnen. Das Einzige, was Sie tun dürfen, ist, zu genießen, und das Einzige, was Sie sagen dürfen, ist: »Ein bisschen weiter links«, »Ja, genau da!« und »Hmmmmmmm!«.

Ein Übermaß an Fürsorge führt zu Schuldgefühlen, nicht zum Heiratsantrag. Die meisten Männer glauben an die Waagschalen der Gerechtigkeit und wollen nicht als egoistisch oder unfair abgestempelt werden. Der wichtigste Grund, warum Sie nicht übermäßig geben sollten, besteht darin, dass der Mann ein schlechtes Gewissen bekommt. Letztendlich wird er sich zum Abzahlen einer emotionalen Schuld gezwungen fühlen, für die er nicht verantwortlich ist.

Männerkennerwissen: Männer sind Meister darin, den Punktestand auszugleichen.

Insgeheim macht es den meisten Männern Spaß, durch brennende Reifen zu springen, zerklüftete Klippen zu erklimmen und Essen vom Chinesen mitzubringen. Wenn Sie aber die Waagschale emotionaler Gerechtigkeit ins Ungleichgewicht bringen und den Mann mit einer Liebesschuld belasten, wird der Schuss am Ende nach hinten losgehen. Irgendwann werden Sie nämlich feststellen, dass er nicht genug zurückzahlt.

Viele Frauen begehen dann einen klassischen Fehler und beschweren sich, sie würden doch *so viel* für ihn tun. Aber wer hat Sie denn darum gebeten, seinen Kindern Nachhilfeunterricht zu geben? Dies ist nicht der richtige Weg, den Mann zu einer festeren Beziehung zu bewegen, und Sie riskieren, das oberste Prinzip männlicher Eroberungstaktik zu unterminieren: *Männer tun nur, was sie wollen.* Lassen Sie ihn also immer in dem Glauben, dass genau das der Fall ist.

Egal, was Männer sagen – achten Sie darauf, was sie tun. Wird der Vogel überfüttert, empfindet er dies als Druck, und seine Reaktion wird nicht lange auf sich warten lassen. Übermäßiges Geben kann dazu führen, dass Ihr Liebesvogel sich nur noch aufs Sofa pflanzt, die Füße hochlegt und sich in einen Bienenfresser auf Abwegen oder, schlimmer noch, in einen schwerfälligen Truthahn verwandelt. Und sollten die Götter wirklich die Absicht haben, Sie für Ihre schlechten Männermanöver zu bestrafen, landen Sie schlimmstenfalls bei einem Typen, der fröhlich in Ihrem gemachten Nest sitzt, durch sämtliche Fernsehkanäle zappt und nach Ihrer Rückkehr vom harten Bürotag noch erwartet, dass Sie ihm Essen kochen.

Wenn Sie aber klug sind und sich mit dem Geben zurückhalten, wird der Mann ganz automatisch seinen 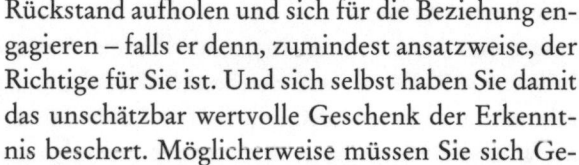 Rückstand aufholen und sich für die Beziehung engagieren – falls er denn, zumindest ansatzweise, der Richtige für Sie ist. Und sich selbst haben Sie damit das unschätzbar wertvolle Geschenk der Erkenntnis beschert. Möglicherweise müssen Sie sich Gedanken darüber machen, welche Prioritäten Sie in einer Beziehung setzen. Oft sind geringes Selbstwertgefühl und Verlustängste die wahren Gründe dafür, dass Frauen die Servierplatten des Beziehungsschmauses überfrachten. Verzweifeln Sie nicht! Sobald Sie einen Schritt zurücktreten und Ihre übermäßigen Anstrengungen einschränken, werden Sie klar erkennen, was Ihr Partner zum Liebesmenü beiträgt. Und wenn Sie sehen, was auf Ihrem Teller übrigbleibt, können Sie sich Gedanken um die Zubereitung machen.

Männerkennertipp: BiFi-Würstchen und Ferrero Küsschen zählen nicht als Mahlzeit!

Wenn alle Gedanken um ihn kreisen:
Hilfe für Besessene

Sind Sie geradezu süchtig danach, über »ihn« und »Ihre Beziehung« nachzudenken? Lernen Sie, sich aus diesem hypnotischen Trancezustand zu befreien, in den Sie durch das »Umkreisen Ihrer Beute« verfallen sind.

Männerkennertipp: Wenn er Ihre Bedürfnisse befriedigt, haben Sie keinen Grund mehr, von ihm besessen zu sein. Und tut er es nicht, noch viel weniger.

Eine liebeskranke Frau hängt für gewöhnlich an einem Mann, der ihre grundlegenden Bedürfnisse nach Liebe, Aufmerksamkeit, Sex, Nähe, Kameradschaft oder Hingabe nicht erfüllen kann. Mit anderen Worten: Sie ist entweder in einen Soziopathen verliebt ... oder in einen

Homosexuellen. Falls Sie sich jetzt wiedererkennen, habe ich eine gute Nachricht für Sie: Es ist kein Fehler, dass Sie sich schlecht fühlen. Die schlechte Nachricht ist, dass in Ihrem Zustand die ganze Beziehung ein Fehler ist.

Männerkennertipp: »Verliebt« zu sein sollte bedeuten, dass zwei Menschen das Gleiche füreinander empfinden.

Wenn also jemand die Partner unabhängig voneinander fragt, wie sie füreinander empfinden, müssten beide sagen: »Ohh, ich bin ja sooo verliebt!« Ist das nicht der Fall, leidet einer von beiden an romantischer Täuschung.

Anders ausgedrückt: Wenn Sie nicht mit *ihm* darüber reden können, wie Sie beide die Beziehung einschätzen, dann haben Sie keine.

Der Sind-Sie-besessen?-Test

Testen Sie, ob Sie Symptome der Liebessucht an sich entdecken.

	Ja	Nein
Denken Sie beim Einschlafen an ihn?		
Wachen Sie mitten in der Nacht auf und denken an ihn?		
Denken Sie beim Aufwachen an ihn?		
Reden Sie ständig über ihn?		
Telefonieren Sie deutlich häufiger als sonst mit Ihren Freundinnen, um immer wieder über ihn sprechen zu können?		
Reden Sie mit Fremden und Ihrem Friseur über ihn?		
Rufen Sie Astro-Hotlines an und reden mit den Geistern der Toten über ihn?		
Befragen Sie Tarotkarten oder exotische Orakel, um seine »innersten Gedanken« zu erfahren?		

Könnten Sie als Detektiv arbeiten, weil Sie mittlerweile
schon so gut im Nachspionieren sind?

Googeln Sie ihn ständig?

Rufen Sie regelmäßig bei ihm an und legen auf, wenn
er abnimmt, oder fahren heimlich an seinem Haus
vorbei, um zu sehen, ob er da ist?

*(Ein »Ja« bei dieser Frage macht Sie offiziell zum
Stalker, meine Liebe!)*

Wenn Sie auf mehr als drei Fragen mit »Ja« geantwortet
haben, sind Sie nachweislich besessen.

Besessen, Typ I: Verlassen-Versöhnen-Sucht

Tja, er hat Sie abserviert. In der ersten Phase der
Beziehung fanden Sie ihn noch gar nicht soo
toll, aber jetzt wollen Sie ihn um alles in der Welt
wiederhaben. Sie würden alles tun, weil Ihr abge-
schlagenes Ego Sie entgegen jeglicher Vernunft dazu
drängt. ANMERKUNG: Hier geht es nicht um Liebe, hier
geht es um irgendetwas Rätselhaftes, das sich allein in
Ihrem Kopf abspielt.

Sie setzen auf einmal alle Hebel in Bewegung, die Beziehung wiederzubeleben, was zunächst einmal auch
funktioniert. Aber die Unsicherheit über Ihre gegenseitigen Gefühle füreinander gehört zum Reiz dieser Beziehung, und durch Ihre angespannte Erwartung gerät jedes
Treffen zum Drama. Sie rufen ihn unentwegt an und bestehen auf lächerlichen, herzzerreißenden Diskussionen
*(Wo hast du denn die Brünette kennengelernt? Wie alt ist
sie? Dreiundzwanzig??!!)*. Dann zeigen Sie ihm wieder die
kalte Schulter. Schließlich verlegen Sie sich auf E-Mails,

SMS oder MMS – und darauf, in heißen Dessous überraschend bei ihm vorbeizuschauen.

SYMPTOME: Sie sind versessen auf Versöhnungssex und/oder Schlussmachsex.

VORTEIL: Verschmierte Wimperntusche verleiht Ihnen einen sexy Punkrock-Look!

Besessen, Typ II: Rachsucht – Das Opfer soll gequält werden

In diesem Fall haben Sie Sex *gegen* ihn und nicht mit ihm.

TATSACHE: Rachesex ist oft besser als Versöhnungssex, Schlussmachsex oder sogar Mittenindernachtaufwachsex zeugt aber von *ausgesprochen* schlechten Manieren! Tun Sie es also nur, wenn Sie es *wirklich und ganz ehrlich* wollen.

KONSEQUENZ: Totales DRAMA!! Das tut nur gut, wenn Ihnen sonst langweilig ist und Sie keine anderweitigen Verpflichtungen haben (Beruf, Haustiere, Pflanzen …), wenn Sie reich und unabhängig sind und wenn Sie Karate können. Denn er wird Sie natürlich umbringen wollen, nachdem Sie mit seinem Geschäftspartner, Bruder oder besten Freund geschlafen, seine Abschiebung beantragt oder Enthaarungscreme in sein Shampoo gemischt haben. Rachsucht ist nicht nur zeitaufwendig, sondern auch demoralisierend. Außerdem bringt es Sie aus dem Gleichgewicht. Es senkt das Niveau und zeugt nicht gerade von guten Umgangsformen. Es kommt allerdings von jeher in den besten Familien vor. (Denken Sie an die Tudors, die Medici oder die Grimaldis.)

Besessen, Typ III: Süchtig nach
Vom Winde verweht

Sie weigern sich zu akzeptieren, dass dieser Mann Ihre Gefühle niemals erwidern wird, kann und will. Sie lassen sich immer wieder die Chance auf wahre Liebe entgehen, weil Sie sich nach jemandem verzehren, der kein echtes Interesse an Ihnen hat. Dass Sie derart entbrannt sind, sollte eigentlich Licht ins Dunkel Ihrer Gefühlsverwirrung bringen. Ist Ihr Sternzeichen Stier?

PROBLEM: Sie neigen dazu, Freundschaft und sexuelle Anziehung mit Liebe zu verwechseln.

Scarlett O'Hara ist die Schutzheilige aller Frauen, die in von Besessenheit beseelter Verleugnung leben. Falls Sie nach einem unerreichbaren Mann schmachten, oder noch schlimmer, nach einem, der im großen Buch der Liebe nicht auf derselben Seite ist wie Sie (Sie stecken auf Seite zweiundzwanzig fest, aber er hat das Buch schon zugeklappt oder, schlimmer, damit nach Ihnen geworfen), gebe ich Ihnen einen Rat: T-H-E-R-A-P-I-E. Denken Sie darüber nach.

Wenn Sie nicht sicher sind, ob Sie besessen sind, rufen Sie drei Ihrer engsten Freundinnen an und fragen, ob Sie Gefahr laufen, im viktorianischen Sinne »tragisch« zu werden – damit meine ich: auf-den-heimkehrenden-Bürgerkriegssoldaten-wartend tragisch.

MODETIPP: Diese Art von Drama passt nur zu einem Reifrock.

Handeln Sie, sonst wird das jahrelang so weitergehen. Positiv ist, dass Sie über eine ausschweifende Phantasie verfügen. Das ist ein Pfund, mit dem Sie wuchern können, wenn Sie sich endlich dazu entschließen, sich einer Gehirnwäsche zu unterziehen.

Die Finde-deinen-Verstand-wieder-Gehirnwäsche

Sobald Sie Ihr Handeln ändern, ändern sich automatisch auch Ihre Gedanken. Die folgenden sieben Stufen werden Ihnen helfen, sich aus dem Bann der Sucht zu befreien:

1. Programmieren Sie sich um. Löschen Sie seine Telefonnummer aus Ihrem Adressbuch, Ihrem Handy, Ihren Freundschaftslisten und Ihrem E-Mail-Verzeichnis.

2. Ändern Sie Ihre Gewohnheiten. Anstatt nach Ihrem Yogakurs an seinem Haus vorbeizufahren, wählen Sie einen anderen Weg.

Tipp: Man braucht neunzig Tage, um sich eine neue Gewohnheit an- oder eine alte abzugewöhnen. Streichen Sie das Datum in Ihrem Kalender an. Und kaufen Sie sich dann ein Paar Schuhe.

3. Das Gummibandschnatzen. Streifen Sie sich ein (nicht zu enges!) Gummiband über das Handgelenk, und jedes Mal, wenn Sie an ihn denken, lassen Sie es *fest* auf Ihre Haut schnatzen. So fühlen Sie ganz genau, wie viel Energie Sie auf ihn verschwenden, und schon bald wird es sehr schmerzhaft werden.

4. Sagen Sie das Alphabet rückwärts auf. Das ist recht schwierig und wird Sie daran hindern, sich mit Ihrer Besessenheit zu beschäftigen – sowie auch mit allem anderen, deshalb sollten Sie dabei auch keine falschen Wimpern ankleben oder komplizierte Maschinen betätigen.

5. Visualisieren Sie ein STOPP-Schild, sobald Sie an ihn denken.

6. Praktizieren Sie Aversionstherapie mittels Visualisierung. Stellen Sie sich vor, dass er ganz fürchterlich von Filzläusen befallen ist! Und jedes Mal, wenn Sie sich nach seinem Zauberstab sehnen, stellen Sie sich vor, wie er in die Hose greift und sich kratzt wie ein von Flöhen befallener Hund.

Und wenn das alles nichts hilft, versuchen Sie …

7. **Das Schwanzersatzprogramm.** Schlafen Sie mit Dreiundzwanzigjährigen! Das macht Spaß und ist äußerst effektiv, um über den Mistkerl hinwegzukommen.

23. ZEIGEN SIE IHM EINEN VOGEL

Das Leere-Nest-Syndrom

Sie haben sich vor kurzem getrennt und ertragen es nicht mehr, allein zu sein. Sie sind es gewohnt, einen Mann im Bett zu haben. Wenn eine Frau in dieser Situation wieder auf die Piste zu gehen beginnt, kann es allerdings sein, dass sie an seltsame Vögel gerät. Und das treibt sie möglicherweise noch weiter in den Sumpf der Verzweiflung – in die sogenannte Ausgehdepression. Was soll sie also tun? An dieser Stelle lohnt es sich vielleicht, über die Recycelbarkeit von Männern nachzudenken ...

Sex mit dem Ex

Durch dieses magische Tor kann ein Exlover wieder in Ihr Leben treten. Manchmal ist es nicht nur nett, sich wieder zu melden, sondern auch heilsam gegen Liebeskummer. In den meisten Fällen gibt es zwei Optionen:

Der Pfützenhüpfer. Nach jeder Trennung rufen Sie ihn an und weinen sich an seiner Schulter aus. Er geht mit Ihnen in Löffelstellung, was fast noch schlimmer ist, als allein zu sein, weil Sie einfach nur so daliegen und die ganze Zeit an Sex denken, aber keinen haben. Er ist immer für Sie da und schafft es sogar, Sie zu trösten, aber aus irgendeinem Grund nehmen Sie ihn nicht wirklich ernst. Er ist so nett ... *Zu* nett eigentlich. Vielleicht ist er derjenige, den Sie heiraten sollten.

Der Prinzenbussard. Zur Kurzzeitbeglückung ist er der Vogel, von dem ich mich am liebsten aufmuntern lasse – er sieht gut aus, ist charmant und sagt Dinge, die unsere Tränen trocknen lassen. Auch wenn das Glück mit einem Prinzenbussard eine sehr geringe Halbwertzeit hat und in den seltensten Fällen über das nächste Wochenende hinausreicht, sollte man diese Art von »Tröstersex« nicht verachten. Es ist ein weitverbreitetes Hilfsmittel, sein emotionales Gleichgewicht wiederzuerlangen.

Haken Sie's ab

Manche Frauen wollen nach einer Trennung nicht getrennt bleiben und erleiden einen »Beziehungsrückfall«. Das kommt daher, weil die meisten von uns im Grunde ihres Herzens Romantikerinnen sind und etwas gegen *Unhappy Ends* haben. Dieser (traurige!) Zustand tritt immer dann ein, wenn Sie bei einer aussichtslosen Beziehung nicht rechtzeitig »Schnitt« rufen und sich weigern, den Abspann einzuleiten, bloß weil Ihnen der Ausgang der Geschichte nicht gefällt.

PROBLEM: Weitere Hoffnung zu hegen ist in den meisten Fällen so erfolgversprechend, wie die abgefallenen Blätter eines Baumes zu wässern. Sie trennen sich mehrere Male, kommen wieder zusammen und trennen sich wieder, aber Sie schaffen es nicht, endgültig einen Schlussstrich zu setzen. Wenn Sie zu den unzähligen Frauen gehören, die eine aussichtslose Beziehung nicht beenden können, sage ich nur ein Wort: *Abhaken.*

Und so schaffen Sie es:

Inszenieren Sie ein Beziehungsbegräbnis

Laden Sie Ihr Vogelfangteam und engste Freunde ein – Sie wissen schon: diejenigen, deren Schultern noch feucht von Ihren Tränen sind. Diejenigen, die sich insgeheim freuen, dass Sie endlich über ihn hinweg sind, damit sie ihre Selbstmordverhinderungswache aufgeben können.

Vögelflüstervorschlag für ein Beziehungsbegräbnis:
Zu Beginn der Szene zoomen wir langsam an Marie und ihr Vogelfangteam heran, alle sind schwarz gekleidet. Kerzen werden angezündet. Im Hintergrund ertönt düstere Musik.

LISA: »Liebe Trauergemeinde, wir haben uns heute hier versammelt, um das Ableben der Beziehung zwischen Marie und Jonathan zu betrauern. Zu Lebzeiten der Beziehung hatten sie tollen Sex, große Pläne und herrliche Wortgefechte. Und dann war da die Reise nach Thailand. Hast du da nicht diese schreckliche Lebensmittelvergiftung bekommen, Marie?«
[Marie nickt.]
LISA: »Das war vermutlich schon ein Zeichen.«
TRAUERGEMEINDE: »O ja! Mm-hhmmm. Aha.«
LISA: »Leider war die Beziehung seit der Rückkehr der beiden im April klinisch tot, aber Marie hielt sie durch künstliche Ernährung, selbstlosen Sex, inständiges Beten und beharrliches ›zufälliges‹ Vorbeischauen am Leben. Marie, möchtest du ein paar Worte sagen?«
MARIE: »Hm, ja, ja, natürlich. [Schnieft.] Jonathan war, wie ihr ja alle wisst, ein fürchterlicher Schürzenjäger. Dabei habe ich es verdient, mit jemandem zusammen zu sein, der es auch wirklich will, der einer regelmäßigen Beschäftigung nachgeht und nur hinter einem einzigen Rock her ist …

nämlich meinem. Aber ich habe ihn geliebt und werde vermissen, wie er im Schlaf gesprochen und mit meiner Katze gespielt hat. Das war verdammt süß.« [Hickst.]

LISA: »Danke, Marie. Möchte sonst noch jemand etwas sagen?«

TRAUERGEMEINDE: »Wisst ihr noch, als er diesen ekelhaften Ausschlag hatte? Iiiiihhhh!«

TIPP: Anstelle eines Begräbnisses könnten Sie auch ein Freudenfeuer veranstalten. Suchen Sie signifikante Erinnerungsstücke Ihrer Beziehung zusammen – etwa Urlaubsfotos, abgerissene Konzertkarten oder sein altes Led-Zeppelin-T-Shirt – und verbrennen Sie die Dinge im Kamin oder begraben sie in einer Schuhschachtel hinter Ihrem Haus. Ich selbst bin absolute Befürworterin des Freudenfeuers, aber das ist eine persönliche Vorliebe.

[Maries Vogelfangteam hilft beim Erstellen eines Grabsteins aus Pappe.]

Jonathan & Marie

4. Juli 1999 – 28. Juni 2006

Ruhe in Frieden

ENDE

Nun gehen Sie schnurstracks in eine nahe gelegene Bar, um zu feiern.

Zum Abhaken helfen folgende Überlegungen:

- Wenn er wirklich so toll wäre, wären Sie noch mit ihm zusammen.
- Wenn er der Grund dafür ist, dass es Ihnen so schlecht geht, kann er einfach nicht der Richtige sein.
- Es ist Schicksal, Gottes Wille, Karma oder was auch immer, dass er Sie hat sitzenlassen.
- In einer richtigen Beziehung kann man nichts falsch machen. In einer falschen Beziehung kann man nichts richtig machen.
- Zu lange verbittert zu sein ist, wie Gift zu trinken und dabei zu hoffen, dass der andere stirbt.
- *Bin ihn los, brauche Trost – Prost!*

24. DER PTERODACTYLUS

Sind Sie noch verhext vom Ex? Sollte ein Geist der Vergangenheit Ihre romantische Zukunft gefährden, ist es Zeit für einen Frühjahrsputz …

Ein Pterodactylus ist der verflossene Geliebte, »der Eine«, den Sie für »den Richtigen« hielten. Das Problem: Er hat Sie entweder abserviert oder ist gestorben, oder Sie waren es, der ihn abserviert hat, aber aus Gründen, die Ihnen jetzt, im Nachhinein, nicht mehr einleuchten. Und obwohl Sie nicht mehr zusammen sind, schaffen Sie es nicht, sich auch im Geiste ein für alle Mal von ihm zu verabschieden.

Der Pterodactylus hindert uns daran, mit lebenden, gebenden, verfügbaren Männern zusammen zu sein. Um nicht wieder ein gebrochenes Herz zu riskieren, gehen Sie entweder überhaupt nicht mehr aus oder sind Ihren neuen Verehrern gegenüber extrem kritisch. Sie sehen nur ihre Fehler und messen sie insgeheim an der nur von Ihren geblendeten Augen wahrgenommenen »Perfektion« des Einen.

Wenn Sie ehrlich sind, werden Sie zugeben müssen, dass der einzige Grund für seine Perfektion seine Abwesenheit ist. Er kann seine schmutzigen Sportsocken nicht auf Ihrem frischgemachten Bett liegen lassen oder Sie in hunderttausendfacher Weise nerven, wie es Normalsterbliche nun mal tun, weil er verlobt oder nach Frankreich ausgewandert ist.

Und wenn Sie mal genauer nachdenken, fällt Ihnen

vielleicht sogar ein, warum Sie sich damals von ihm getrennt haben: vermutlich deshalb, weil er irgendeine fürchterliche Macke hatte, mit der Sie einfach nicht leben konnten, sosehr Sie es auch versuchten.

Erkennungsmerkmale für eine Pterodactylus-Besessenheit:

- Sie tragen nachts noch immer sein T-Shirt.
- Wenn Sie sich Ihrem Vibrator widmen, kommt plötzlich sein Name über Ihre Lippen.
- Der gutgemeinte Ratschlag: »Du musst mal wieder unter Leute gehen« löst bei Ihnen Trotzreaktionen aus, die man nur noch hysterisch nennen kann.
- Sie haben Ihre Mitbewohnerinnen im Verdacht, seine Anrufe zu verschweigen.
- Den Freundschaftsring, den er Ihnen geschenkt hat, legen Sie unter keinen Umständen ab.
- ... genauso wie die Schuhe, die Unterwäsche oder was auch sonst er Ihnen mal geschenkt hat.

WARNUNG: Pterodactylen schwirren noch immer um uns herum, weil wir ihr Ableben nicht ausreichend betrauert haben. Sie sind alltäglicher Bestandteil des Lebens vieler reizender, einsamer Frauen. Ist Ihr Herz durch sie noch in Mitleidenschaft gezogen, muss unbedingt gehandelt werden, damit Sie unbelastet in die Gegenwart eintreten können.

Exorzieren Sie den Pterodactylus

Vielleicht ist er mit einer anderen verheiratet, lebt mit einer Horde Kindern im Hinterland oder sieht sich die Radieschen von unten an. Was immer seine Entschuldigung sein mag, eines ist sicher: Er ist nicht da und wird sich aller Wahrscheinlichkeit nach in diesem Leben auch nicht mehr bei Ihnen melden.

Den Pterodactylus ohne fremde Hilfe zu exorzieren kann sehr anstrengend sein. Viele Frauen stehen so sehr in seinem Bann, dass sie sich nicht vorstellen können, sich jemals wieder zu verlieben. Vielleicht haben Sie einen ganzen Mythos um ihn herum aufgebaut und huldigen einer toten Beziehung, um eine letzte Verbindung aufrechtzuerhalten.

Vermeiden Sie es, sich stundenlang Gespräche, Begegnungen oder Versöhnungssex mit Menschen auszumalen, die sich ganz offensichtlich in einer anderen Dimension bewegen als Sie. Kaufen Sie neue Dessous, Schuhe und Kosmetik (früher nahm man dafür Knoblauch und Kruzifixe) und hören Sie auf, an Liebesphantome zu glauben – Himmel, Sie sind erwachsen!

Solange Sie beharrlich leugnen, dass *es vorbei ist*, werden Sie sich nie von Ihrem Pterodactylus befreien. Schwenken Sie die weiße Fahne und ergeben Sie sich der Realität. Es gibt keinen Grund, warum Sie ihm weiterhin wertvolle Zeit und Energie opfern sollten. Wenn Sie es jetzt nicht schaffen, werden Sie diesen tollen Strumpfgürtel nie ausführen, den Sie in Ihrer Wäscheschublade versteckt halten!

 **Trauern Sie.** Schwarz steht jeder Frau gut. Aufgestaute Gefühle freizulassen wird Sie vom Bann (der Lustlosigkeit) befreien. Versäumen Sie keine Gelegenheit, in Restaurants zu weinen und das Essen zurückgehen zu lassen.

Herzlichen Glückwunsch! Nach Beendigung dieses Programms sind Sie bereit, Ihr Herz zu ent(h)exen, also schließen Sie die Tür, zünden eine Kerze an und passen gut auf. Wir basteln jetzt einen Talisman, um Ihnen das verführerische Liebesphantom vom Leib zu halten ...

Die Alles-was-ich-verdrängt-habe-Liste

Um ungebetene »Heimsuchungen« zu verhindern, nehmen Sie einen Stift und schreiben *jede einzelne* negative Eigenschaft Ihres Pterodactylus auf. Und seien Sie streng mit sich – zwingen Sie sich, sich zu erinnern! Schreiben Sie wirklich *alles* auf; von tiefgreifenden Charakterschwächen (etwa, dass er »vergaß«, Sie vorzustellen, als Sie beide mal seiner Ex über den Weg liefen) bis hin zu schlechten Angewohnheiten (zum Beispiel, dass er sich beim Benutzen von Zahnseide weiter mit Ihnen unterhalten hat). Diese Liste können Sie auch noch durch Pros und Kontras der Beziehung erweitern, aber letztendlich sind Sie mit einer soliden Negativliste besser bedient.

**Beispiel für eine
Alles-was-ich-verdrängt-habe-Liste**

— Er konnte das Wort Monogamie zwar gerade noch buchstabieren, hatte aber Probleme, seine Bedeutung zu erklären.
— Sein Vorspiel bestand darin, die Kondomverpackung aufzureißen.
— Er hat Sie nicht am Flughafen abgeholt, als Sie zehn Stunden Flugzeit auf sich nahmen, um ihn zu sehen.
— Seine Antwort auf jede Frage zu Ihrer »Beziehung« bestand aus zwei Wochen Schweigen.
— Seine Tätowierungen ...
— Er trägt immer Socken, auch wenn das manchmal das Einzige ist, was er trägt.
— Zum Geburtstag schenkte er Ihnen das scheußlichste Wasauch-immer, das Sie je gesehen haben.
— Er putzte sich vorm Ins-Bett-Gehen nicht die Zähne.

Tragen Sie diesen »Talisman« immer und unter allen Umständen bei sich. Man weiß nie, wann so ein Liebesphantom zuschlägt, darum ist Vorsicht besser als Nachsicht. Das Zettelchen passt wunderbar in Ihr Portemonnaie oder in die Kondomschublade Ihres Nachtschränkchens. Und sobald Sie sich dabei ertappen, dass Sie sein Lieblingslied summen oder sich ein erotisches Stelldichein mit ihm vorstellen, kramen Sie schnell die Negativliste hervor und lesen sie Punkt für Punkt durch. Das wird Sie an all den Kummer und all die Schmerzen erinnern, die er Ihnen verursachte, und im Idealfall wird seine Erscheinung Sie bald so sehr entsetzen wie das Neonlicht in der Umkleidekabine beim Anprobieren eines Bikinis.

Demontieren Sie den Schrein

Stellen Sie sich dabei einfach vor, Sie würden Ihre eigene Berliner Mauer einreißen. Das hilft. Räumen Sie alle Fotos und Andenken an ihn aus dem Weg, bis Sie über ihn hinweg sind und wieder mit anderen Männern ausgehen. In hintersten Ecken versteckte Schuhschachteln sind der ideale Aufbewahrungsort für liebesbesudelte Erinnerungsstücke.

Tragen Sie die Ohrringe nicht mehr, die er Ihnen zu Weihnachten geschenkt hat. Ziehen Sie als Nachthemd nicht mehr sein Fußballtrikot an. Und packen Sie bitte *sofort* das ausgestopfte Gürteltier weg, das er Ihnen von seiner Reise nach Texas mitgebracht hat.

Echte Haustiere sollten Sie allerdings nicht weggeben, es sei denn, Sie mögen sie nicht, sind allergisch oder haben sie ohnehin nur behalten, weil Sie kein Spielverderber sein wollten.

Männerkennermanöver: Verkneifen Sie sich, von ihm zu sprechen, vor allem, wenn Sie mit einem anderen ausgehen. Sie werden den neuen Kandidaten damit nur langweilen, und es wird einzig und allein dazu führen, den Geist des Pterodactylus erneut heraufzubeschwören.

Hungern Sie den Pterodactylus aus

Sollte er Sie tatsächlich noch hin und wieder besuchen oder »aus Freundschaft« anrufen (um Sie auf der Ersatzbank zu halten) oder, noch schlimmer, alle Jubeljahre einmal mit Ihnen ins Bett gehen, müssen Sie für mindestens sechs Monate jeglichen Kontakt zu ihm abbrechen. Das bedeutet: keine Anrufe, E-Mails, SMS, Geburtstagskarten oder Faxe. Falls er Ihren Wunsch nach Abstand nicht respektiert, fügen Sie diesen Punkt Ihrer Alles-was-ich-verdrängt-habe-Liste hinzu.

Bitten Sie ihn nicht um Rückgabe von Kissen, Krimis oder Kochgeräten. Das sind nur billige Ausreden, um mit ihm in Kontakt zu bleiben, *und das weiß er!* Versuchen Sie nicht, irgendwelche Gerüchte über ihn in die Welt zu setzen, oder verschwenden Ihre Zeit damit, sich auszumalen, was er mit … *ihr* macht. Tilgen Sie stattdessen seinen Geist aus Ihrem und schaffen Sie Platz für eine neue Liebe.

Jetzt ist es endlich so weit – Sie sind frei!

*Männer sind manchmal sehr ungezogen, also lassen
Sie sich nicht alles gefallen!*

Ihre Vogelforscherin

TEIL III
MIT DEM VOGEL LEBEN

Grenzen zu setzen bedeutet nicht Ablehnung sondern Verbesserung.

Lauren Frances, Vogelforscherin

25. WIE DRESSIERT MAN EINEN VOGEL?

Wenn Sie mit Ihrem Liebling zusammenleben, ist das Dressieren unerlässlich. Ein Mann, der nur mit größter Anstrengung guten Willen und gute Manieren an den Tag legt, wird Ihnen langfristig nur Kummer bereiten. Denken Sie immer daran, dass Vögel die nächsten lebenden Verwandten der Dinosaurier sind. Selbst in den glücklichsten Beziehungen wird Ihr Partner bestenfalls eingeschränkt in der Lage sein, auf Kommando zu sprechen, sich im Haus anständig zu benehmen und das langfristige Zusammenleben gutgelaunt zu genießen. Um böse Ausrutscher zu verhindern, sollte jede Frau also ein paar brauchbare Dressur- und Zähmungstechniken beherrschen.

Männerkennertipp: Wenn Sie Ihr Zuhause mit einem Vogel teilen, sollten Sie vor ihm weder Angst haben noch sich fragen müssen, wo er sich gerade herumtreibt oder ob Sie von ihm geliebt werden.

Männer sollten dahin gehend dressiert werden, dass sie das Glück der Frau an erste Stelle setzen. Dies ist notwendig, weil sich Männer – anders als die meisten Frauen – nicht von Natur aus um andere kümmern. Um also ein Gleichgewicht der gegenseitigen Aufmerksamkeit herzustellen, muss der Mann zeigen, dass er Ihr Glück ebenso wichtig nimmt wie sein eigenes, und zwar durch Taten. Meist achtet der Mann anfangs auf Ihre Zeichen, um herauszufinden, wie Sie behandelt werden möchten, und probiert dann peu à peu aus, mit welcher Art von Verhalten er bei Ihnen noch durchkommt. Wenn Sie also schlechtes Benehmen akzeptieren und keine Grenzen setzen, ermutigen Sie ihn dadurch zu weiteren Unarten. Da Sie Ihr Leben nicht mit einem egoistischen, unflexiblen oder halsstarrigen Mann verbringen wollen, müssen Sie ergründen, ob ihm an der Beziehung so viel liegt, dass er sich zähmen lässt.

KNR: Kosten-Nutzen-Rechnung

Eine Beziehung sollte Sie weder Ihren Seelenfrieden kosten noch Ihr Selbstwertgefühl, Ihre Familie und Freunde oder all die Dinge, die Ihnen Freude bereiten. Wenn Sie feststellen, dass Ihre Kosten höher sind als Ihr Nutzen, so ist der Preis, den Sie für Ihre Liebe zahlen, zu hoch.

Ist er belehrbar?

Ob Sie einen Mann tatsächlich erziehen können, werden Sie bei Ihrem »ersten Streit« herausfinden – er ist der Lackmustest, der Ihnen viel über das Potential Ihrer Beziehung verrät. Konflikte sind eine hervorragende Gelegenheit, wertvolle Informationen über Ihren neuen Freund zu erhalten. Wir wollen vor allem wissen, ob er *fair* kämpft.

Männerkennertipp: Der erste Streit ist mehr als ein Schatten auf der romantischen Sonnenseite Ihrer Beziehung, in ihm spiegelt sich der Konflikt Ihrer Bedürfnisse — als würde man in eine

Kristallkugel blicken und die Zukunft der Beziehung voraussehen.

Wie ein Mann im Streit mit Ihnen kommuniziert, gibt Aufschluss über seine Art, Probleme zu lösen. Und was noch wichtiger ist: Es spricht Bände über seinen Charakter. Sie wollen einen Mann, der nicht nur Ihre Gefühle berücksichtigt, sondern es auch *gern* tut – und nicht bei der ersten Gelegenheit damit aufhört. Falls Sie so einen Partner finden, können Sie sich glücklich schätzen. Ein erstklassiger Vogel! Rücksichtsvolles Verhalten und Aufmerksamkeit für Ihre Bedürfnisse sind die Grundlagen für eine Beziehung voller Liebe und Vertrauen und wichtige Hinweise auf seine Bindungsfähigkeit.

Haben Sie aber einen Mann erwischt, dessen Ego ihn dazu treibt, sich in einer Auseinandersetzung um jeden Preis durchsetzen zu wollen, der Sie, in welcher Weise auch immer, bestraft, damit Sie sich seinem Willen beugen, oder der permanent in Rage gerät, dann haben Sie ein Problem am Hals. Manche Männer haben nie gelernt, mit einer Frau in Gemeinschaft zu leben (oder mit irgendeinem anderen menschlichen Wesen), und das kann wirklich anstrengend werden.

Wie man Machtkämpfe verhindert:

Falls der Mann sich in zehn Prozent der Zeit wie ein Neandertaler aufführt, kann man dies noch als kontrollierbares Armleuchtergehabe einstufen. Benimmt er sich jedoch längerfristig wie ein Schwachkopf, führt das zu schwerwiegenden Problemen in den Bereichen gegenseitige Zuneigung und Alltagsgeschehen. Zeigt er gar inakzeptables Dominanzverhalten oder Aggressionen, sollten Sie dem sofort ruhig, aber bestimmt ein Ende bereiten, indem Sie:

- nachdrücklich sind, ohne zu unterdrücken.
- wirkungsvolle Disziplinierungstechniken wie Aufmerksamkeitsentzug einsetzen.
- immer respektvoll bleiben.

Er sollte nicht das Gefühl bekommen, die Erfüllung Ihrer Bedürfnisse sei ein Muss oder eine unmögliche und unangenehme Aufgabe. Vernünftigen Anforderungen sollten Männer jederzeit gerecht werden können, es sei denn, sie sind krank oder sehen gerade Fußball.

26. VOGELDRECK

Ersticken Sie
schlechtes Benehmen im Keim.

Wenn Sie es versäumen, Ihren Vogel zur Stubenreinheit zu erziehen, haben Sie bald den Salat. *Werden Sie ja nicht zur wandelnden Zielscheibe!* Legt Ihr Partner permanent aggressives oder unausstehliches Verhalten an den Tag, fragen Sie sich, ob Sie gewillt sind, das *bis an Ihr Lebensende* zu ertragen. Falls nicht, müssen Sie dringend die erforderlichen Maßnahmen ergreifen und mit der Geduld einer Heiligen und der Härte eines Stalin genau die Strategie anwenden, die Ihren Vogel auf den rechten Weg bringt. Konsequenz ist hierbei das A und O.

Für die Zähmung eines Mannes benötigt man eiserne Selbstdisziplin und den Willen zur Selbstkritik. Sie müssen bereit sein, auch sich selbst umzuerziehen und gegebenenfalls Ihr eigenes Verhalten zu ändern, um das seine entsprechend beeinflussen zu können. Ohne Durchhaltevermögen und gewissenhafte Selbstprüfung werden Sie keine Veränderung erreichen.

WARNUNG: Sobald Sie Ihr Verhalten ändern, müssen Sie darauf gefasst sein, dass der Mann seinen Statusverlust nicht ungerührt hinnimmt. Möglicherweise beginnt er zu schreien, hackt gereizt mit dem Schnabel oder wirft seinen Dreck nach Ihnen. Schlimmstenfalls begeht er für eine Weile Nestflucht. Lassen Sie sich durch sein Verhalten nicht einschüchtern, sondern trösten Sie sich damit, dass es nach Abschluss der Erziehungsmaßnahmen viel vergnüglicher mit ihm sein wird.

Männerkennerwissen: Kein Mann wird sich je dafür bedanken, dass Sie ihm Grenzen aufgezeigt haben. Vor allem dann nicht, wenn er es nötig hatte!

Dem modernen Männchen Grenzen setzen

Männer reagieren auf Taten, nicht auf Worte. Den Ratgeber zum Süßholzraspeln kennen sie in- und auswendig, also wissen Sie instinktiv, dass nicht zählt, was Mann sagt, sondern was Mann tut. Grenzen setzen Sie am wirkungsvollsten, indem Sie ihm eine Auszeit geben und ihm Privilegien entziehen. Mit anderen Worten: Schlechtes Verhalten muss spürbare Konsequenzen haben.

Konkrete Strafen sind effektiver als ständiges Jammern und Nörgeln, das er irgendwann ausblenden wird. Behandelt er Sie ohne Respekt, wird kein Gespräch der Welt, sondern nur eine Änderung Ihres eigenen Verhaltens sein schlechtes Benehmen ändern. Lassen Sie Ihre Handlungen für sich sprechen und zeigen ihm deutlich, was Sie sich nicht gefallen lassen.

Männerkennertip: Es liegt an uns, den anderen zu zeigen, wie sie mit uns umgehen sollen.

Den Käfig abdecken

Manche Männer wissen nicht, dass sie sich bei schlechter Laune, aggressiven Anwandlungen oder wenn sie einfach einen schlechten Tag haben, eine Weile zurückziehen sollten, und terrorisieren stattdessen ihre Umgebung. Ein solches Verhalten ist inakzeptabel und sollte umgehend ausgemerzt werden. Diese Männer sind Tyrannen. Allerdings werden Sie ihr Verhalten nicht durch endlose Diskussionen ändern – das schafft allein die Angst, Sie zu verlieren.

Männerkennertipp: Ist sein Verhalten inakzeptabel, nehmen Sie ihm sein liebstes Spielzeug weg ... Sie selbst.

Einem Mann, der sich nicht benehmen kann, gibt man am besten eine Auszeit, so wie einem ungezogenen Kind. Dazu müssen Sie unbedingt Ihr weibliches Bedürfnis unterdrücken, ihm Ihre Gedanken und Gefühle ausführlich zu erklären. Frauen gehen in solchen Situationen nämlich häufig davon aus, dass der Mann sie nach dieser Erläuterung verstehen und tröstend in den Arm nehmen wird (wie ihre Freundinnen es sicher tun würden). Leider funktionieren solch zwischenmenschliche Regungen bei einem gereizten Mann nicht: Wenn ein Mann verärgert ist, kocht ihm das Blut, er wird aggressiv und wütend. Reden ist hier nicht gerade angesagt.

Dennoch dürfen Sie einen Vogel weder schlagen noch anschreien oder herunterputzen. Drakonische Strafen bewirken nur, dass er sich fürchterlich aufregt, sich provoziert fühlt und Ihnen gegenüber feindselig reagiert.

Männerkennerwissen: Die beste Erziehungsmaßnahme für einen unartigen Vogel besteht darin, seinen Käfig abzudecken und sich zu entfernen. Ein würdevoller Rückzug ist die beste Strategie für nachfolgende Harmonie.

Benimmt ein Mann sich daneben, fangen Sie nicht an, darüber zu diskutieren – auch nicht, wenn er sich wieder beruhigt hat. Falls er gar nicht erst aufhört, müssen Sie unter Umständen sogar den Raum verlassen. Es ist wie beim Tauziehen: Wenn Sie das Seil loslassen, landet er auf seinem Allerwertesten, und das bringt ihn hoffentlich wieder zur Raison.

Bald wird er merken, dass seine Rechte beschnitten wurden, und dann ist er gezwungen, sich entweder Ihren Bedürfnissen anzupassen oder aber die Alternative hinzunehmen, ohne dass Sie deswegen mit ihm streiten oder schreien müssen.

Korrektur der Flughöhe

Das oberste Ziel der meisten Männer ist, eine möglichst große Flughöhe zu erreichen. Ob bei der Arbeit oder zu Hause – ihr Platz in der Rangordnung ist ihnen enorm wichtig. Daher wollen manche Männer auch in romantischen Belangen die dominante Rolle einnehmen.

Bei ihrem Bestreben, an die Spitze zu gelangen, verlieren Männer manchmal das Gefühl fürs Gleichgewicht und vertreten etwa die irrige Auffassung, ihre Bedürfnisse, Wünsche und Gelüste müssten als erste erfüllt werden. Dann werden sie anmaßend und egoistisch und entwickeln sich zu auf dem Sofa sitzenden, fernsehglotzenden Tyrannen. Haben Sie irgendwann das Gefühl, dass Ihr Partner Sie als selbstverständlich ansieht, sich aggressiv oder unausstehlich verhält, stutzen Sie ihn schnell zurecht, indem Sie ihn zu einer Flughöhenanpassung zwingen.

Vögelflüstervorschlag:
Wenn Sie beispielsweise, um Zeit mit ihm zu verbringen, immer in seine Wohnung fahren müssen, fragen Sie ihn, ob er auch mal zu Ihnen kommt. Sagen Sie: »Ich bin heute Abend soo müde. Könntest du wohl zu mir kommen, mein Liebster?« Antwortet er mit »Nein« (wie wir vermuten), sagen Sie: »Das ist wirklich schade, denn ich werde auf jeden Fall hierbleiben. Vielleicht blättere ich mal in meinem kleinen schwarzen Büchlein und rufe meinen Lieblings-Dodo an.«

Sobald Ihr Vogel von seinem hohen Ast herunterkommt und Sie beide sich wieder auf gleicher Höhe gegenüberstehen, können Sie ihn so lange belohnen, wie sein Verhalten sich nicht von neuem ändert.

Hat Ihr Partner Probleme mit der Flughöhe?

	Ja	Nein
Die Beziehung verläuft nach seinen Bedingungen.		
Er verlangt ein ungebührlich hohes Maß Ihrer Zeit und Aufmerksamkeit.		
Er behandelt Sie manchmal wie einen Menschen zweiter Klasse.		
Die meisten Opfer für die Beziehung bringen Sie.		
Er stellt seine Bedürfnisse permanent über Ihre.		
Er betrachtet Sie und die Beziehung als selbstverständlich.		
Er wird bockig, wenn Sie ganz normale, selbstverständliche Dinge von ihm erbitten.		

Er geht davon aus, dass seine Meinung immer die
richtige ist.

Er ist Ihnen gegenüber übermäßig kritisch.

Er versucht, Sie zu schikanieren oder einzuschüchtern,
und kritisiert Sie vor anderen.

Er macht sich auf gemeine Weise über Sie lustig
und behauptet, es sei »nur Spaß«.

Er verhält sich unkooperativ und weigert sich, Sie
bei alltäglichen Problemen zu unterstützen.

Wenn Sie häufiger als ein Mal mit »Ja« geantwortet haben,
sollten Sie ihn sofort zurechtstutzen.

Männerkennermanöver:

– Hören Sie auf, ihn von vorn und hinten zu bedienen.

– Wenn er sich Ihrer zu sicher ist, ziehen Sie sich zurück und
kümmern sich erst einmal um sich selbst.

– Gehen Sie eine Zeitlang nicht vor ihm die Knie – sosehr er
auch darum bettelt, jetzt ist es erst einmal an Ihnen, die
Vogelperspektive einzunehmen und ihm dabei zuzusehen, wie er sich dort unten nützlich macht.

– Fügt er sich nicht: Sexentzug hilft immer.

Wenn das alles nichts nützt, müssen wir zu Löwenbän-
digertechniken übergehen. Dazu brauchen Sie: einen
Stuhl und eine Peitsche.

Hmmmm … vielleicht ist es genau das, was er immer
wollte!

27. DIE SPRACHE DER VÖGEL

Wie man mit einem Mann spricht, der »auch Gefühle« hat

Es ist vielleicht schwer zu glauben, aber auch Männer haben Gefühle. Diese unterscheiden sich allerdings sehr von unseren. Verletzlichkeit, Sensibilität oder Empfindlichkeit gehören traditionell eher weniger zu den von Männern gezeigten Emotionen, ihre Gefühlsausbrüche bewegen sich meist zwischen den Polen aktivfeindselig (martialisch) und passiv-aggressiv (eiszeitlich). Symptome des aktiv-feindseligen Gefühlszustands sind lautstarke Wutanfälle, Gereiztheit, Niederträchtigkeit, Barschheit, Sarkasmus und/oder Aggression und können am häufigsten bei Machotypen beobachtet werden. Symptome des passiv-aggressiven Gefühlszustands sind Augenverdrehen, Grimassenschneiden, Schweigen, Schmollen, Stöhnen, Seufzen, Verschwinden und/oder Heimtücke und finden sich meist bei blasierten Männertypen.

Wenn ein Mann meint, Ihnen auf diese Weise zeigen zu müssen, dass er »auch Gefühle« hat, lassen Sie ihn einfach – mit minimalen Einschränkungen. Gehen Sie auf Abstand zu seinem gesträubten Gefieder, und kehren Sie zurück, sobald er Zeit hatte, sich wieder zu beruhigen.

Sie werden feststellen, dass die »Gefühle« eines Mannes oft maßgeblich von folgenden Faktoren beeinflusst werden:

Situationsbedingte Verstimmung. Irgendetwas hat einen machohaften Ausbruch von Feindseligkeit oder ungehörigem Verhalten ausgelöst. Das kann eine Unstimmigkeit mit Ihnen gewesen sein, genauso aber auch ein Vorfall bei der Arbeit oder ein defektes Elektrogerät.

Männliches Aufmerksamkeitsdefizitsyndrom (MADS). Es ist wissenschaftlich erwiesen, dass Männer höchstens drei von einer Frau ausgesprochene Sätze aufnehmen können, bevor sie abschalten. Was über drei Sätze hinausgeht, belastet sie mit zu viel Information und versetzt sie in Panik, vor allem, wenn Folgendes dabei eine Rolle spielt:

Heftige Gefühle (Wut oder Trauer mit oder ohne Tränen). Sie können Auslöser dafür sein, dass er sich kurzfristig in einen Eisvogel verwandelt. Er wird entweder vom Tatort des Gefühlsausbruchs fliehen oder in ein *emotionales Koma* fallen. Wenn Sie allzu starke Gefühle zeigen (egal, welcher Art), setzt das einen Mann oft so unter Stress, dass ihn sein körpereigenes Abwehrsystem sofort verstummen lässt. Dies geschieht aus Selbstschutz, um unmittelbar drohende Gefahr abzuwenden, weil er, zum Beispiel während Sie weinen, etwas Dummes sagen könnte, das die Sache nur noch schlimmer macht. Ein Mann im emotionalen Koma wird oft zum stummen Schwan: Er benimmt sich wie jemand, der vorübergehend sein Sprachvermögen verloren hat. Wird er unter Druck gesetzt, lässt er sich vielleicht gerade noch ein brummiges »Es tut mir leid« oder »Es ist nicht meine Schuld« abringen – mehr ist jedoch nicht drin. Lassen Sie den Vogel in Ruhe! Viele Frauen machen in diesen Situationen den Fehler, sich ständig zu wiederholen, weil sie sein Schweigen als Taubheit interpretieren. Doch bedenken Sie, dass Sie, wenn ein Mann verstummt, vermutlich schon *mehr als genug* gesagt haben.

Männerkennerwissen: Er hat Sie gehört. Sein Hirn braucht nur etwas Zeit, um das Gehörte zu verarbeiten.

Das Männliche Aufmerksamkeitsdefizitsyndrom (MADS) und die emotionalen Symptome

Stellen Sie sich folgendes Szenario vor: Sie fragen Ihren Partner, ob Sie miteinander »reden« könnten. Etwa drei Sätze später stellen Sie fest, dass er nichts mehr sagt, Sie auch nicht mehr ansieht und stattdessen ein Computerspiel begonnen hat, wobei er immer wieder nickt und »Aha. M-hm« brummt. Sie bitten ihn, damit (was auch immer es ist) aufzuhören und mit Ihnen zu »reden«. Er wird patzig und behauptet, Sie hätten »ihm vorgeworfen«, Ihnen nicht zuzuhören, und rauscht aus dem Zimmer.

MADS tritt normalerweise dann auf, wenn eine Frau zu einem endlosen, gefühlsgeladenen Redefluss ansetzt (in Frauensprache: »unsere Gefühle aussprechen, um sie mit dem Partner zu teilen«; in Männerworten: »zetern, nörgeln und herumkommandieren«).

Das weibliche (Mit-)Teilungsbedürfnis ruft bei Männern Gefühle von Angst und Panik hervor, woraufhin sie flugs eine psychische Pufferzone errichten und sich anderen, ihrer Meinung nach produktiveren Dingen zuwenden wie etwa Online-Poker.

Männerkennerwissen: Zu brummen und körperlich im selben Raum wie eine sprechende Frau zu sein wird von den meisten Männern als »Gespräch« gewertet.

Hierbei handelt es sich keinesfalls um eine besonders raffinierte Streit- oder Konfliktlösungsstrategie. Dieses Sich-Ausschalten ist ein angeborener Drang, der selbst

ausgesprochen metrosexuellen Männern tief in den Genen steckt, ein alter, aber sehr effektiver Bewältigungs-
mechanismus für Gefahrensituationen, der nicht ohne
weiteres zu unterbinden ist.

Die Drei-Mal-daneben-und-raus-Taktik

Um mit einem Mann über ein »heißes Eisen« zu spre-
chen, lockt man ihn am besten in einen Hinterhalt. Mit
Hilfe einer einfachen Drei-Sätze-Regel können Sie seinen
Radar unterfliegen.

Männerkennerwissen: Wenn Sie einen Mann öfter als drei Mal
um etwas bitten müssen, werden Sie das, was Sie wollen, nicht
ohne Kampf bekommen. Zumindest nicht sofort.

Strikeout, wie man im Baseball sagt – Sie haben drei Mal da-
nebengetroffen. Nehmen Sie's einfach hin! Die meisten
Frauen kennen die Regel nicht und tappen in folgende Falle:

Missachtung der Drei-Sätze-Regel:
BEISPIEL: Sie sitzen gemütlich vor dem Fernseher. Er
kommt rein, schnappt sich die Fernbedienung und fängt
an, durch die Kanäle zu zappen.
1. Satz
JESSICA: »Mark, ich fände es nett, wenn du nicht einfach
umschaltest, während ich meine Lieblingsserie gucke.«
MARK: [brummt] »M-hmmmmm.« [Drückt weiterhin
auf die Fernbedienung.]
2. Satz
JESSICA: »Ich fühle mich nicht ernst genommen, wenn
ich dich um etwas bitte und du mich vollkommen ignorierst.«

MARK: [schweigt; zappt weiter durch die Kanäle] »Was ist?«

3. Satz

JESSICA: »Würdest du bitte wieder auf meinen Sender zurückschalten?«

MARK: »Wart mal eben.«

4. Satz

JESSICA: »Hallooooo!!! Mark??? Erde an Mark! MARK! BIST DU TAUB?«

MARK: »Dauernd musst du rummeckern! Hier, guck doch, was du willst!« [Wirft die Fernbedienung in Jessicas Richtung und verlässt wütend das Zimmer.]

Männerkennertipp: Bekommen Sie das, was Sie wollen, durch Herumnörgeln, haben Sie trotzdem verloren. Und wenn Sie etwas häufiger als drei Mal wiederholen, gilt das als Nörgeln.

Richtiger Gebrauch der Drei-Sätze-Regel:

1. Satz

JESSICA: »Mark, ich fände es nett, wenn du nicht einfach umschaltest, während ich meine Lieblingsserie gucke.«

MARK: [brummt] »M-hmmmmm.« [Schaltet nicht zurück.]

2. Satz

JESSICA: »Ich fühle mich nicht ernst genommen, wenn ich dich um etwas bitte und du mich vollkommen ignorierst.«

MARK: [schweigt, zappt weiter durch die Kanäle] »Was ist?«

3. Satz

JESSICA: »Würdest du bitte wieder auf meinen Sender zurückschalten?«

[Mark ignoriert sie. Jessica verlässt das Zimmer.]

Wenn Sie um etwas bitten, kämpfen Sie nicht mit Worten (in häufig viel zu schriller Tonlage) darum. Zeigen Sie Ihrem Partner durch Ihr Handeln, dass Sie sein Verhalten missbilligen und sich dem nicht weiter aussetzen wollen. Da haben wir wirklich Besseres zu tun – zum Beispiel, die neueste Ausgabe der »Vogue« in der Badewanne zu lesen.

Männerkennertipp: Es ist keinesfalls unter unserer Würde, die Drei-Sätze-Regel anzuwenden. Nicht wir geraten dabei ins Aus, sondern er.

Vögelflüstervorschlag:

Fassen Sie sich vor allem kurz und beachten Sie die Drei-Sätze-Regel!

JESSICA: »Mark, ich möchte diesen Sommer nicht wieder im Wald zelten gehen.«

MARK: »WARUM NICHT? Ich habe gerade ein nagelneues Zweimannzelt gekauft, und ich schwöre dir, dass es in diesem Jahr nicht regnet!«

JESSICA: »Mir ist dieses Jahr einfach nicht danach. Ich fahre nicht mit.«

MARK: »Verdammt noch mal! Warum willst du nicht mit? Komm schon, sei kein Spielverderber! Kommst du etwa nicht mit ein bisschen Regen und Schmutz klar?« [Knallt die Kühlschranktür zu, stampft durchs Zimmer.]

JESSICA: »Ich will deswegen nicht streiten. Ich möchte einfach nicht zelten, okay? Ich gehe jetzt mit dem Hund raus.«

Nach Ihrer Rückkehr formulieren Sie Ihr Anliegen neu: »Es tut mir leid, dass du enttäuscht bist, aber ich würde viel lieber diese Venedigreise planen, die wir uns letztes Jahr vorgenommen haben.« Lenkt er ein, wenden Sie das Männer-Belohnungssystem an und streicheln ihn.

»Nein.« ist ein vollständiger Satz

Sollte Ihr Partner Sie zu etwas drängen, das Sie nicht wollen, sagen Sie einfach »Nein.« Sie müssen sich nicht erklären. Sie haben jedes Recht, etwas abzulehnen, also nehmen Sie es sich! Je weniger Sie dazu sagen, desto stärker ist Ihre Position. *Grund:* Frauen fühlen sich bei einem Nein oft schuldig. Wir neigen dazu, viel zu ausführlich zu erklären, warum wir etwas nicht tun wollen oder können, nur um die Gefühle des oder der anderen nicht zu verletzen.

Ein Mann wird Ihre Erklärung allerdings nur allzu bereitwillig gegen Sie verwenden, indem er den Inhalt zerpflückt, Ihnen einen Fehler in Ihrer Argumentationskette nachweist und so Ihre Rechtfertigung zunichte macht. Im Beruf ist das sein täglich Brot, und diese Strategie funktioniert auch in seiner Beziehung.

Sagen Sie also einfach »Nein!« und belassen es dabei. Einem soliden Nein kann man kaum widersprechen und wirklich schwer ausweichen. Und dann wird er fragen: »Warum nicht?« Sie antworten:

»Ich fühle mich nicht wohl dabei. Deswegen will ich es nicht.«

Denken Sie daran, dass niemand Ihnen jemals vorwerfen kann, solche Bauchgefühle seien falsch. Die meisten Männer sind schlau genug, nicht weiter zu diskutieren, sobald dieses Argument kommt. Sie werden das heiße Eisen schnell fallen lassen.

Drängen Sie einen bereits angeschlagenen Mann nicht in die Ecke

Ist ein Mann verärgert oder verstört und sitzt mit gesträubtem Gefieder vor Ihnen, warten Sie lieber ab, bis seine Federn sich wieder geglättet haben, bevor Sie neuen Gesang von ihm erwarten (soll heißen: bevor Sie mit ihm über Ihre Beziehung sprechen). Berücksichtigen Sie das nicht, hören Sie unter Umständen nur unangenehmes Gekrächze, und jedes weitere Drängen könnte zu Aggression, Picken, höhnischem Krakeelen oder ähnlich feindseligem Verhalten führen.

Wenn Sie nicht widerstehen können, das Schicksal herauszufordern, oder wenn Sie ein dringendes Anliegen haben, das mitgeteilt werden muss, wundern Sie sich nicht, falls er während Ihres »vernünftigen« Gesprächs aufbegehrt. Ihr schlechtes Timing erscheint ihm absolut unvernünftig. Er ist angeschlagen, und jegliche Unterredung (oder Kritik) ist ihm unerträglich.

Er muss für eine Weile in seinem Käfig bleiben und eine Auszeit nehmen dürfen, um sich zu beruhigen.

Männerkennerwissen: Zwingen Sie einen bereits angeschlagenen Mann nicht zum Sprechen. Er könnte sonst angreifen!

Wie man einen Schreihals erzieht

Niemand hat es verdient, angeschrien zu werden … kein Mann und ganz sicherlich nicht Sie! Haben Sie sich einen Schreihals eingefangen, ist das eine wirklich schlimme Sache, allerdings ist eine Zähmung nicht unmöglich, *falls* Sie die folgenden Dressurtechniken *peinlich* genau beachten (und ein extrem dickes Fell haben).

Männerkennermanöver:
Sie müssen unbedingt die Oberhand gewinnen. Sie müssen wirklich jedes einzelne Mal, wenn er losschreit, reagieren und Grenzen setzen. Sollte er die Lautstärke nicht herunterfahren, müssen Sie das Haus/das Restaurant/die Beziehung sofort verlassen, um zu demonstrieren, dass Sie sein unmögliches Verhalten keinesfalls tolerieren werden.

TIPP: Schreihälse schreien, weil es ihnen gefällt. Das ist ihre Taktik, *genau das zu bekommen, was sie wollen.* Es liegt also nicht an Ihnen, dass Sie angeschrien werden, nehmen Sie es nicht persönlich. Und schreien Sie bloß nicht zurück.

Klappe zu, Affe tot

Die folgende Technik wird auch in Selbstverteidigungs-kursen zur Abwehr potentieller Angreifer gelehrt. Eine Schreihalsattacke ersticken Sie damit im Keim:

Sobald er anfängt, Sie anzuschreien, heben Sie abwehrend die Hände wie Diana Ross und sagen mit fester Stimme: »STOPP!« Das wird ihn verblüffen und möglicherweise aussehen lassen, als wäre er gerade gegen eine Fensterscheibe geflogen. Vielleicht tritt er sogar ein, zwei Schritte zurück.

Dann sagen Sie: »Rede nicht in diesem Ton mit mir«, und sehen ihn strafend an.

Sollte er dennoch wieder loslegen, wiederholen Sie die Geste und bekräftigen Ihre Aufforderung: »Stopp. Schrei mich nicht an!« (Probieren Sie das vorher einige Male vor dem Spiegel oder mit einer Freundin.)

Falls er sich dann immer noch nicht beherrschen kann, sagen Sie: »Du bist jetzt viel zu aufgebracht. Lass uns darüber reden, sobald du dich wieder beruhigt hast.« Drehen Sie sich um und verlassen leichtfüßig den Raum.

Wenn er Ihnen durch den Flur hinterherruft, antworten Sie nicht oder belohnen dieses Verhalten gar durch Ihre kostbare Aufmerksamkeit. Entfernen Sie sich aus der Situation. Er hat vorerst das Privileg verwirkt, mit Ihnen kommunizieren zu dürfen. Bleiben Sie konsequent. Richten Sie eine Sperrzone ein, die auch für Anrufe und E-Mails gilt.

Ihr Schreihals wird schnell lernen, dass Sie sein inakzeptables Verhalten nicht dulden, und es nach und nach ablegen, weil es bei Ihnen nicht wirkt.

WARNUNG: Wenn Sie nicht konsequent vorgehen, wird er Sie nicht mehr ernst nehmen und beim nächsten Mal unbelehrbar sein.

Sie haben Besseres verdient. Also bleiben Sie dabei. Sie sind es sich wert!

Wenn er (Ihre) Federn ausrupft

Diese schlechte Angewohnheit ist die Folge von Langeweile und aufgestauter Energie. Sollte Ihr Vogel ungezogen werden und anfangen, an Ihnen herumzunörgeln, reagieren Sie sofort! Lassen Sie auf keinen Fall zu, dass ein Mann Sie lächerlich macht. Bringen Sie ihn mit folgenden Worten zum Schweigen: »Du darfst gern deine eigene Meinung haben, aber ich muss sie mir nicht anhören. Du verletzt mich damit.« Dann »verhängen« Sie den Käfig, indem Sie den Raum verlassen oder den Hörer auflegen … und eigentlich könnten Sie doch mal wieder Ihr kleines schwarzes Büchlein hervorholen und darin stöbern. Oder mit dem Boxen anfangen und einen linken Haken üben!

Zauberworte, die garantiert jeden Streit beenden

Wenn Sie alles versucht haben und nichts zu wirken scheint, können Sie immer noch auf Zauberei zurückgreifen. Die folgenden Worte sind als letzter verzweifelter Versuch zu werten, um Ihr Wohlbefinden zu erhalten, und machen aus jedem wütenden Trompeterschwan garantiert einen brav vor sich hin zwitschernden Kanarienvogel.

Sprechen Sie die magischen Worte, und die Situation wird sich entspannen. Danach können Sie mit vernünftigen Mitteln wieder die Oberhand gewinnen. Sagen Sie in der Hitze des Gefechts einfach: »Da hast du vielleicht recht«, oder: »Also gut, darüber will ich gern nachdenken.«

Mehr brauchen Sie nicht zu sagen. Lassen Sie ihn eine Minute herumstottern und sich beruhigen. Vielleicht müssen Sie den Satz einige Male wiederholen, um deutlich zu machen, dass der Streit tatsächlich vorbei ist (zumindest fürs Erste).

28. PROBLEMVÖGEL

Gute Männer haben ein natürliches Bedürfnis, Frauen glücklich zu machen. Instinktiv beschützen sie ihre Weibchen, sorgen für sie, ihre Kinder und die Gesellschaft. So noble Vögel machen sich nicht allzu viele Gedanken um das eigene Wohlergehen, weil sie wissen, dass durch ihre Fürsorge automatisch auch die eigenen Bedürfnisse befriedigt werden.

Mit solch einem Balzverhalten gewinnt selbst der mittelmäßigste Durchschnittsvogel in unseren Augen eine gewisse Größe und wird zu unserem Helden – im Schlafzimmer, im Sitzungssaal oder auf dem Schlachtfeld. Und wir empfangen ihn mit offenen Armen! Da unser Glück der Schlüssel zu dem seinen ist, werden unsere beständige Liebe, unser Vertrauen und unser Respekt sein sicherer Lohn sein. (Es sei denn, Sie sind ein psychotisches Miststück, dann hat er natürlich Pech gehabt.)

Und dann gibt es noch Problemvögel. Sie sind weniger echte Männer als in Herrenanzüge gekleidete große Jungs, sie sind die reinblütige Verkörperung des infantilen Egomanen: Egoistisch und selbstgefällig, wie er ist, lebt ein solcher Vogel in der irrigen Annahme, dass Frauen, Beziehungen und die Welt im Allgemeinen nur zu seinem Vergnügen bestehen. Ohne Reue wird er mit stetem Schnabelhacken Ihr Herz nach und nach aushöhlen, bis es schließlich zerbricht. Er kennt keine Gewissensbisse

221

und wird sein rücksichtsloses oder kränkendes Verhalten um Ihretwillen nicht ablegen. Warum auch? Ihr Glück steht für ihn nicht an erster Stelle, sondern sein eigenes. Egal, wie charmant er im ersten Moment auch scheinen mag – Sie werden schnell erkennen, dass in seiner Beziehungs-Rangordnung Ihre Bedürfnisse weit unter seinen rangieren.

Männerkennertipp: Eine Beziehung kann die Quelle immer neuer Kameradschaft, Eintracht und Freude sein – oder aber ewige Zwietracht und zerstörerischen Kampf bedeuten. Es ist an Ihnen zu wählen, also tun Sie es mit Bedacht, meine Liebe.

Wenn er die Federn sträubt: Der Umgang mit Problemvögeln

Stellt ein Vogel sein Federkleid auf und verhält sich böse oder aggressiv, sollte man sich ihm nie ohne spezielle Schutzkleidung nähern. Ist ein Mann also in Rage oder aufgebracht, müssen Samthandschuhe angelegt werden.

Sollte sich Ihr Vogel jedoch dauerhaft in solch einem gereizten Zustand befinden, drängt sich die Frage auf, was um alles in der Welt Sie noch mit ihm zu schaffen haben. Das Leben ist zu kurz, um sich von einem unerträglichen Mann tyrannisieren zu lassen. Gelingt es Ihnen nicht, ihn zu zähmen oder umzuerziehen, setzen Sie ihn lieber schnell wieder in der Wildnis aus, bevor er Ihren Seelenfrieden zerstört (oder Ihr Mobiliar).

Männer, die temporär verärgert sind, nehmen auf unterschiedliche Weise Reißaus – die verschiedenen Flugmuster haben wir bereits besprochen. Sie flüchten Ihre Gegenwart, aber wenn sie sich beruhigt haben, sitzen sie irgend-

wann wieder brav im Käfig auf der Stange. Problemvogel-
männchen hingegen verlassen den Käfig nicht – sie ver-
riegeln vielmehr die Tür von innen und fechten den
Kampf bis zum bitteren Ende mit Ihnen aus.

Der Problemvogel fängt vermutlich damit an, auf
Ihnen herumzuhacken oder zu sticheln, und wenn Sie
dann weinen, wird er sogar noch fieser, weil er sich von
Ihren Tränen manipuliert fühlt. Er empfindet jede Form
der Kritik als Provokation und wird zum Ausgleich extra
gemein. Oder er fühlt sich selbst wegen irgendetwas
schuldig, kann es aber nicht zugeben, also zettelt er einen
Streit an, um seine Schuldgefühle zu mindern und sich
besser zu fühlen. Das ist eine schreckliche Unart, die
nicht häufig auftreten sollte. Vorübergehend und zu seltenen Gelegenheiten ist sie gerade noch zu tolerieren. Stellt
sie sich jedoch öfter als zwei Mal im Jahr ein, haben Sie
seinen Charakter vermutlich falsch eingeschätzt. Dann ist
dieser Vogel ein …

Nicht zu rettender Problemvogel. Dieser Mann liebt
den Kampf, weil er dadurch vor seinen Gefühlen fliehen
kann. Denn die sind in der Tat schwer zu ertragen: Er ist
hoffnungslos infantil, egoman und hält sich in jeder Hinsicht für den Mittelpunkt der Welt. Mit Parkplatzwäch-
tern, Kartenabreißern, völlig Unbekannten und natürlich
am allerliebsten mit seinen Freundinnen gerät er unentwegt in Streit. Es ist seine Art der Stressbewältigung. Er
ist unfähig zur Domestizierung und lie-
bevollen Paarbindung. Er unter-
miniert wiederholt Ihren guten
Willen und Ihre Beziehung, indem er immer wieder anfängt,
zu schreien, nach Ihnen zu ha-
cken und an Ihnen herumzunörgeln. Und dann gibt er Ihnen auch

noch die Schuld an seinem schlechten Benehmen. Fallen Sie nicht darauf rein! Dieser miese Vogel ist ein Tyrann und will einen (schwächeren) Sparringspartner als emotionalen Prügelknaben für sein Do-it-yourself-Stressbewältigungsprogramm.

FRÜHE WARNSIGNALE: Oft ist er ein Verkehrsrowdy. Er wird gern laut, während er Ihnen von Auseinandersetzungen mit anderen erzählt, und das tut er häufig. Hinweise auf sein aggressives Verhalten gab es möglicherweise schon sehr früh in Ihrer Beziehung, aber Sie haben sie missachtet, weil sie nichts mit Ihnen zu tun hatten (noch nicht!). Doch irgendwann richtet sich sein Ärger gegen Sie.

FRAGE: *Wollen Sie tatsächlich mit ihm in den Ring steigen und kämpfen? Ist es dieser Vogel wirklich wert zu riskieren, dass Sie nicht mit heiler Haut davonkommen?*

WARNUNG: Falls Sie tatsächlich versuchen wollen, einen nicht zu rettenden Problemvogel zu zähmen, tun Sie es nicht allein. Lassen Sie sich von einem Therapeuten unterstützen.

Oder holen Sie sich einen streunenden Kater zu Hilfe!

Männerkennerwissen: Männer müssen Kritik annehmen können, ohne gleich zu reagieren, als würden ihnen die Eier abgequetscht.

Der Kampfhahn

Kampfhähne sind gefährliche Wildvögel und eine Unterart der Problemvögel. Der Versuch, sie ihrer natürlichen Umgebung zu entreißen (dem Kampfring, der Hölle ihres Innern, …) und zu zähmen, könnte ein Desaster anrichten.

Der Kampfhahn ist auch unter dem Namen Für-dichwerd-ich-durch-keinen-brennenden-Reifen-springen-Typ bekannt. Er ist so schnell zu verunsichern, dass er allein schon die zaghafte Bitte, Ihre Gefühle ebenfalls zu berücksichtigen, als Affront gegen seine Männlichkeit wertet. Er weigert sich stur, harmonisch und rücksichtsvoll mit Ihnen zusammenzuleben und zu kooperieren.

Kampfhähne leiden unter dem Kleiner-Schwanz-Syndrom und versuchen, ihr geringes Selbstwertgefühl durch Streit mit Frauen (und Unbekannten) zu kompensieren. Und Ihre Bedürfnisse sind natürlich ein hervorragender Angriffspunkt, weil Sie sich bei diesem Thema ohnehin schon verletzlich fühlen. Jede noch so geringe Bitte nimmt der Kampfhahn als Anlass zum Streit und gibt Ihnen zu verstehen, dass es unter seiner Würde sei, auf Ihre Gefühle einzugehen oder sein Verhalten auch nur im mindesten zu ändern. Es ist ihm egal, ob Sie unglücklich sind. Er leidet so sehr unter seinem Selbst, dass er auch Sie leiden sehen will.

Männerkennertipp: Meiden Sie die Beziehung mit einem Mann, der permanent in Opposition tritt und sich weigert, Kompromisse einzugehen. Mängel bei der Körperhygiene sind mit einem Stück Seife zu beheben, Mängel im Charakter jedoch nicht so leicht.

Wie man den Unterschied zwischen einem guten Mann und einem Problemvogel erkennt

Wenn er …
- ein guter Verlierer ist
- Ihre Grenzen respektiert
- nicht nachtragend ist
- Kompromisse schließen kann

- Verantwortung für sein Verhalten übernimmt
… ist er die Mühe wert.

Doch wenn er …
- Ihnen unentwegt Vorwürfe macht
- sich für seine Fehler nicht entschuldigt
- Sie aus purer Bockigkeit leiden lässt
- sein Selbstwertgefühl darauf aufbaut, dass er bei jedem Streit das letzte Wort hat
- Sie angreift oder zu unterdrücken versucht
… ist er ein Problemvogel.

Hilfe von oben erflehen

Inzwischen werden Sie gemerkt haben, dass Sie mit den kleinen Piepmätzen eine Engelsgeduld brauchen. Wenn Sie mal mit Ihrem Latein am Ende sind und himmlischen Beistand benötigen, versuchen Sie es mit einem Gebet zum heiligen Franz von Assisi. Er ist der Schutzpatron aller Frauen, die im Umgang mit jenen Kreaturen in Gottes Schöpfung, die einen mindestens genauso rasend machen können wie die Schmeißfliege, verzweifelt versuchen, keines der zehn Gebote zu übertreten.

Franz von Assisi war außerdem für folgende drei Dinge berühmt:

1. Er meditierte stundenlang im Wald.
2. Er meditierte stundenlang nackt im Wald.
3. Er war so ruhig und gelassen, dass die Vögel sich auf ihm niederließen.

Wenn Sie in Ihrer Beziehung zu einem schwierigen Vogel also kurz davor stehen, ihm endgültig den Garaus zu machen, probieren Sie es, Ihrer Gelassenheit zuliebe, doch mal mit folgendem Stoßgebet: »Lieber heiliger Franz, bitte mach, dass ich meinen Freund nicht zu Hühnerfrikassee verarbeite!«

Merken Sie sich:

Jeder hat so seine Mucken und Marotten. Sie machen den besonderen Charme eines jeden Wesens aus. Aber Sie brauchen einen Mann, der das Zusammensein mit Ihnen nicht als anstrengend empfindet. Und umgekehrt. Der Richtige wird Ihre Angst vor Fledermäusen als Chance sehen, Ihnen seine Liebe zu beweisen, indem er Sie sicher aus der dunklen, stinkenden Fledermaushöhle herausführt.

Mit anderen Worten: *Sie wollen Ihren Helden finden und sich nicht den Teufel ins Haus holen!*

29. ALLES AUF EINE KARTE SETZEN

Die meisten Männer werden es hinauszögern, die Beziehung auf die nächste Stufe zu heben – selbst wenn sie ganz verrückt nach Ihnen sind –, weil sie instinktiv die emotionale Gefangennahme fürchten. Falls Sie es nicht gerade mit einem Hausgimpel zu tun haben, werden Sie Ihren Freund an den Ablauf der vereinbarten Frist erinnern müssen. Wenn der Termin näher rückt und er immer noch keinen Piep geäußert hat, sollten Sie folgenden Hinweis geben: »Wir sind jetzt fast ein Jahr zusammen. Ich bin mir über die Zukunft unserer Beziehung unsicher, wäre es nicht an der Zeit, an den nächsten Schritt zu denken?«

Sagen Sie danach nichts mehr und warten auf seine Antwort. Falls er eine wunderbare Überraschung für Sie hat – *hervorragend!* Doch wenn Ihr Freund so ist wie die meisten Männer, wird er dem Thema ausweichen, um sich mehr Zeit zu erkaufen, Ihre Entschlossenheit zu testen und den Status quo aufrechtzuerhalten. Dies ist der Moment, in dem Sie ein Machtwort sprechen müssen. Sagen Sie: »Ich liebe dich, aber wenn du nicht mehr von mir willst als eine lockere Beziehung, muss ich mir das mit uns noch einmal überlegen.«

Nun sollten Sie wieder abwarten und lauschen …

An diesem Punkt fangen die meisten Vögel an, eine lange Liste von Entschuldigungen vorzusingen, um der dauerhaften Gefangenschaft zu entgehen. Erschrecken Sie nicht, wenn Ihr Partner einen Wutanfall bekommt, streitsüchtig oder abweisend wird oder gar droht, die Beziehung zu beenden. Er wird sich verzweifelt darum bemühen, die Kontrolle wiederzuerlangen, und alles daransetzen, dass Sie die Frist verlängern.

Wie man die Augen-zu-und-Decke-über-den Kopf-Taktik kontert

Die Kunst der Vermeidung, des Ausweichens, Lügens (durch unvollständige Information) und Sich-taub-Stellens ist eine grundlegende Überlebenstaktik, auf die Ihr Liebestäubchen mit mehr oder weniger Geschick zurückgreifen wird, sobald »das klärende Gespräch« droht. Diese Taktik ist die vorhersehbare Lieblingsstrategie aller Männer, sobald ein heikles Thema angeschnitten wird, über das sie nicht reden wollen.

Männerkennerwissen: Gespräche über ernste Themen sind für Männer schon fast dasselbe wie eine ernsthafte Beziehung.

Wenn Sie »das klärende Gespräch« führen, ist er gezwungen, einen Standpunkt zu beziehen. Ohne dieses Gespräch wird er weiterhin die Vorteile einer »zwanglosen« Beziehung genießen, in der er keine verbindlichen Zugeständnisse machen muss.

Sehen wir uns an, mit welchen meisterlichen Flugmanövern ein Mann einer emotionalen Gefangennahme widersteht und die Beziehung im Schwebezustand hält. So bleibt er tonangebender Vogel, nach dessen Pfiff getanzt wird.

Taktik 1: Ausweichmanöver

1. Hinhalten und Hinauszögern.
SIE: »Wohin soll unsere Beziehung führen? Wann reden wir über unsere Zukunft?«
ER: »Können wir das später besprechen? Ich kann darüber im Moment nicht nachdenken. Ich muss erst [meine Dissertation fertigschreiben, meine Beförderung vorantreiben, ein Haus kaufen, meine Ex dazu bewegen, die Scheidungspapiere zu unterschreiben, mein Studiumsdarlehen abbezahlen, diese Karibikreise gewinnen, den Kilimandscharo besteigen], bevor ich auch nur annähernd in der Lage bin, über so etwas nachzudenken. Okay? Gibst du mir bitte die Chips rüber?«

2. Vorgetäuschte Krankheit. Er bekommt plötzlich Kopfschmerzen, Rückenschmerzen oder irgendein anderes nicht eindeutig nachweisbares Ernsthaftes-Gespräch-Verhinderungs-Leiden: »Ich hab im Moment wirklich schreckliche Kopfschmerzen. Können wir später darüber reden? Würdest du mir grad mal meinen Rücken massieren ... Ahhh, das fühlt sich gut an!«

3. Davonfliegen. Er bringt es fertig, mitten im Gespräch zu verschwinden. Er geht einfach aus dem Zimmer und 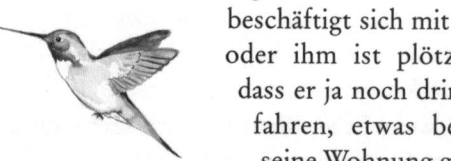 beschäftigt sich mit anderen Dingen, oder ihm ist plötzlich eingefallen, dass er ja noch dringend zur Arbeit fahren, etwas besorgen oder in seine Wohnung gehen muss.

Taktik 2: Ablenkungsmanöver

1. Sturzflugbombardement. Sie beginnen »das klärende Gespräch«, aber er wechselt das Thema, indem er Sie angreift. Er wird ausfallend, böse oder gereizt, um Sie aus der Fassung zu bringen und Ihnen »das klärende Gespräch« zu verleiden. »Dein Timing ist ja wieder mal absolut beschissen! Wenn du jetzt sofort eine Antwort willst, dann lautet sie nein! Warum tust du das bloß immer? Können wir es uns nicht einfach mal nur gutgehen lassen? Himmel noch mal!«

2. Der Bumerang. Er lenkt das Gespräch in eine andere Richtung, indem er ein ganz anderes Streitthema wiederaufwärmt. Er spielt ein verbales Hütchenspiel namens Bumerang. Man kann dabei leicht aus dem Gleichgewicht geraten, wenn man nicht versteht, wie es funktioniert.

Vögelflüstervorschlag:

Kontern Sie seine Attacke mit: »Du lenkst vom Thema ab. Wir können gern darüber reden, was dir an meinem Verhalten nicht gefallen hat, aber erst nachdem du meine Frage beantwortet hast.«

Wiederholen Sie Ihr Anliegen und warten ab, ob er darauf eingeht oder ob er es auf folgende drastische Weise abschmettert …

3. Die Salto-Attacke. Er vollbringt mehr Salti als Bruce Lee, um Ihren Standpunkt ins Wanken zu bringen. Sollten Sie in ein derartiges Gespräch geraten, bleibt Ihnen nichts anderes übrig, als fest zu Ihrer Meinung zu stehen. Seien Sie darauf gefasst, Schluss machen zu müssen …

WARNUNG: Versierte Vogelforscherinnen fallen nicht auf Ausweichmanöver herein, selbst wenn seine Entschuldigungen plausibel klingen. Er ist ein wildes Tier, das von seinen Fluchtinstinkten getrieben wird. Demonstriert ein Mann ausweichendes Verhalten (panisches Herumflattern), ist das tatsächlich ein gutes Zeichen. Genießen Sie die Vorstellung! Es zeigt, dass er Sie ernst nimmt. Er weiß, dass Sie nicht länger gewillt sind, eine unverbindliche Beziehung ohne Zeitlimit zu führen und in die Falle der »ewigen Freundin« zu tappen. Sie waren sich zu Beginn Ihrer Beziehung einig, dass es Ihnen ernst ist und Sie beide langfristig eine feste Beziehung wollen – und dazu gehört nun einmal, dass man zusammenzieht, heiratet, ein Kind bekommt oder was auch immer Sie gerade von ihm wollen. Nun muss er seinen Worten Taten folgen lassen, um Sie zu halten.

Wenn er also sagt, das »Timing« sei gerade schlecht oder Ihre Beziehung sei noch nicht »ganz perfekt«, denken Sie daran, dass es in der Trauformel heißt »in guten wie in schlechten Tagen« und nicht »in guten wie in ganz perfekten Tagen«.

Männerkennertipp: Der richtige Zeitpunkt für den nächsten Schritt ist genau dann, wenn man ihn einfach tut. Punkt. Es geht schließlich nicht um eine Gehirnoperation, Leute!

Lassen Sie uns Ihre Feldstudien auswerten und sehen, was sich in Ihrem Nest so angesammelt hat.

Geht die Rechnung auf?

Lernen Sie ein wenig Beziehungsmathematik, und Sie können sich jahrelangen Herzschmerz ersparen – sowie dessen unvermeidliches Ergebnis: Division! Nutzen Sie die folgenden Liebesgleichungen, um schnell das Endergebnis Ihrer Beziehung zu überschlagen.

Liebesgleichung 1 + 1 = 1

Zwei unvollkommene und verletzliche Menschen umklammern einander in dem verzweifelten Versuch, ein Ganzes zu bilden. Es ist eine Du-und-ich-gegen-den-Rest-der-Welt-Beziehung, die auf wechselseitiger Abhängigkeit beruht. Häufig befinden sich einer oder beide Partner in »realer« Abhängigkeit, oder sie leiden unter Abgrenzungsproblemen, weil sie in dysfunktionalen Familien aufwuchsen. Einer oder beide Partner haben das Gefühl, zu viel Verantwortung für das Wohlergehen des anderen auf sich zu nehmen, und fühlen sich möglicherweise als Geiseln der Beziehung. Dieses Beziehungsmuster ist ungesund und unreif.

BEZIEHUNGSPROGNOSE: Absturzgefährdet.

Liebesgleichung 1 + 1 = 2

Zwei starke Individuen sind voneinander unabhängig und nicht fähig (oder willens), ihre persönlichen Vorlieben und Termine zum Wohle der Beziehung einzuschränken, sie anzupassen oder gar zu opfern. Einer oder beide sind der Meinung, die Beziehung müsse ihrem persönlichen Wohl dienen, und diese selbstsüchtige Sichtweise zerstört nach und nach ihre Gefühle füreinander. Beide Partner versuchen mit aller Macht, ihre eigenen Interessen durchzusetzen, und sehen nicht, welchen Schaden sie damit beim anderen anrichten. Das führt zu ausgeprägten Machtkämpfen und unaufhörlichen Streitereien. Die Unfähigkeit des Paares zu Kompromissen und Problemlösungen wird die friedliche und glückliche Anfangsphase bald vergessen machen. Beide Partner werden als erbitterte Feinde aus der Beziehung gehen.

233

BEZIEHUNGSPROGNOSE: Hohe Wahrscheinlichkeit, als Kampfhähne im Ring zu landen.

Liebesgleichung 1 + 1 = 3

Dies ist die ideale Gleichung für eine Partnerschaft. Sie besteht aus zwei unabhängigen, in sich ruhenden Individuen, die gemeinsam ein Drittes erschaffen: ihre Beziehung. Sie lernen, ihre individuellen Bedürfnisse im Einklang mit den Bedürfnissen der Partnerschaft zu erfüllen. Sie entdecken, wie Sie fair und voller Respekt füreinander Probleme bewältigen können. Sie teilen sich die Verantwortung für ihre liebevolle Beziehung, die sicher viele Jahre oder Jahrzehnte überdauert.

BEZIEHUNGSPROGNOSE: Sie werden als Liebestäubchen in den Sonnenuntergang flattern.

30. SCHWANENGESÄNGE –
Wie Sie das Ultimatum stellen

Die folgenden Manöver sollten Sie nur dann versuchen zu fliegen, wenn Sie von Ihrem persönlichen Beziehungsziel hundertprozentig überzeugt sind.

Hopp oder Topp –
Schritt 1: Warnschuss

WARNUNG: Sprechen Sie die folgenden Worte nur, wenn Sie auch bereit sind, zu gehen und ihn nie wiederzusehen. Oder ihn zu heiraten!

Vögelflüstervorschlag:

SIE: »Ich kann nicht länger mit dir zusammen sein, wenn wir jetzt nicht gemeinsam Pläne für die Zukunft schmieden. Ich liebe dich, aber ich werde dich verlassen. Falls du irgendwann auch das willst, was ich will, dann lass es mich wissen. Aber bis dahin ist unsere Beziehung vorbei.«

ER: (schluckt) »Ähhhh ...«

Schritt 2: Schubsen Sie ihn aus dem Nest

Wenn er jetzt nicht reagiert, machen Sie auf der Stelle Schluss! Falls Sie zusammenwohnen, packen Sie Ihre Sachen und bestellen einen Umzugsservice.

(TIPP: Bitten Sie gutaussehende, sexy Freunde, Ihre Möbel zu tragen!) Denken Sie daran: Durch Ihren Rückzug geben Sie ihm die Möglichkeit, die Beziehung endgültig zu festigen – oder ganz und gar zu lösen und nicht länger Ihre Zeit zu verschwenden. Sie haben einen Mann verdient, der Sie genug liebt, um zu seinem Wort zu stehen und seine Versprechen zu halten.

Schritt 3: Richten Sie eine Flugverbotszone ein

Bleibt Ihr Vogel stur und ist so dumm, Sie gehen zu lassen, kann es dennoch sein, dass er einige Zeit später plötzlich »aufwacht« und versucht, Sie durch Wagenladungen an Blumen, verzweifelte Telefonate und seelenwunde SMS zurückzugewinnen – oder durch tränenreiche Überraschungsbesuche um drei Uhr morgens.

WARNUNG: Lassen Sie sich nicht weichkochen! Er hofft, Sie mit diesem übertriebenen Gehabe auf Ihren alten Platz zurückzubefördern. Verabreden Sie sich nur dann mit ihm, wenn Sie sicher sind, dass er es ernst meint. Prüfen Sie seine wahren Absichten:

Vögelflüstervorschlag:

»Ich liebe dich und bedaure sehr, dass du [dich nicht mit mir verloben willst, kein Kind mit mir willst, mich nicht heiraten willst, nicht mit mir zusammenziehen willst, keine gemeinsame Zukunft mit mir siehst]. Ich akzeptiere deine Entscheidung. Das ist sehr schwer für mich, und ich bitte dich, mich für drei Monate in Ruhe zu lassen. Ich brauche Zeit und Raum, um mein Leben wieder neu zu ordnen. Mach's gut, mein Liebster.« Sagen Sie dann nichts mehr und lauschen! Sollte er daraufhin ein neues Lied singen und bekennen, dass er zum nächsten Schritt bereit sei – umso besser! Falls er aber immer noch hilflos herumfiept, wollte er Sie nur auf die Probe stellen. Ihre Aussage wird ihm klarmachen, dass es Ihnen ernst ist.

Bleiben Sie konsequent. Geben Sie ihm eine Auszeit, weil er sie wirklich dringend braucht!

Er braucht Zeit, um seine Optionen abzuwägen. Will er a) Sex im Fahrstuhl mit einer mehr oder weniger Unbekannten oder b) eine Familie, Kinder, ein Zuhause, Haustiere, Pflanzen und eine Frau, die sich um ihn sorgt, wenn er einen Herzinfarkt hat?

Schritt 4: Die Patt-Situation

An diesem Punkt wird ein Mann entweder sehr still und zieht sich zurück, oder er kämpft darum, dass Sie nachgeben und Ihre Meinung ändern. Er versucht, Ihre Entschlossenheit auf die Probe zu stellen. Geben Sie nicht nach! Solange er weiter »Flieg, Vogel, flieg« singt und nicht »I Will Always Love You«, müssen Sie in Kauf nehmen, die Sache durchzuziehen und ihn zu vergessen.

Männerkennertipp: Bei Verhandlungen hat derjenige die besseren Karten, der auch bereit ist zu verlieren.

Derjenige, der gewillt ist, in solch einer Situation den nächsten Schritt zu tun, auch wenn er in eine andere Richtung führt, als gewünscht, hat die Oberhand. Geben Sie Ihre vorteilhafte Position also nicht preis, indem Sie vor Ihrer eigenen Courage zurückschrecken. Er muss begreifen, dass Sie Ihre Lebensziele nicht verraten werden und dass dies kein Scherz ist. Er wird Sie niemals ernst nehmen, wenn Sie nicht zu sich selbst stehen, sondern nachgeben und einer lockeren Beziehung ohne Verbindlichkeiten zustimmen. Kehren Sie nicht zum Status quo zurück. Formulieren Sie Ihr Anliegen, setzen Sie eine Frist und decken dann schnell den Käfig ab. Antworten Sie nicht auf seine Anrufe, E-Mails oder SMS. Lassen Sie ihn schwitzen, bis er das Ganze durchdacht und eine Entscheidung getroffen hat.

Männerkennertipp: Belohnen Sie die Unentschlossenheit eines Mannes nicht, indem Sie weiter mit ihm reden, ausgehen oder schlafen!

Schritt 5: Die Verhandlungsphase

Vielleicht zögert er eine endgültige Entscheidung noch hinaus, indem er sagt, dass er (sich verloben, eine Baby haben, Sie heiraten, zusammenziehen, ein Haus kaufen, eine gemeinsame Zukunft mit Ihnen) ja wolle, aber eben nicht sofort, und Sie dann verführerisch anfleht: »Liebling, du bekommst alles, was du willst, wenn du jetzt noch ein bisschen wartest« oder: »Entspann dich! Wir sind doch auf Kurs in den Ehehafen!« Lassen Sie solche Aussagen auf taube Ohren treffen.

Männerkennerwissen: Die Wendungen »vielleicht« und »warte noch ein bisschen« bedeuten an diesem Punkt nichts anderes als »Nein!«.

Schritt 6: Lassen Sie ihn brüten

Die nächsten drei Monate werden qualvoll, den Schmerz und Ärger aber wert sein! Halten Sie durch, Schwester, und ihn auf Abstand! (TIPP: Ziehen Sie klagend durch die

Stadt und lassen sich trösten, wenn Sie wollen. Tröstersex ist köstlich!) Bleiben Sie sich und Ihren Zielen treu und lassen ihn sehen, wo er bleibt. Dies ist oft der einzige Weg, um jenes Gefühl zu stimulieren, das ein Männchen braucht, um freiwillig in den Beziehungskäfig zu fliegen und mit Ihnen ein Nest zu bauen: Mut.

Ihr Weggang wird hoffentlich folgende Auswirkungen auf ihn haben: Trauer, Elend, Wahnsinn, Appetitlosigkeit, Haareraufen, Schlaflosigkeit und das Gefühl, in einem Jammertal gelandet zu sein.

Wenn Sie genug Geduld haben, wird er möglicherweise irgendwann nachts um drei Uhr vor Ihrer Wohnungstür auftauchen und Ihnen tatsächlich einen Antrag machen.

Aber selbst wenn nicht: Sie können nicht verlieren! Macht er den Abflug, hat er vorher nur den Verkehr aufgehalten, und Sie waren so klug, sich zu befreien und Platz für einen neuen Liebesvogel zu schaffen. So haben Sie zwei auf einen Streich erwischt! Kommt er aber zurück, legt die Hand aufs Herz und gelobt Ihnen ewige Treue, haben Sie damit die Belohnung für all Ihre Anstrengungen.

Dann rannten sie ganz außer Rand und Band
hinunter zum Strand und tanzten im Sand.
Hand in Hand, so tanzten sie fein
im Mo-,
im Mo-,
im Mondenschein.

Edward Lear, »*Eulerich und Miezekatz*«

ANHANG

KLEINE VOGELKUNDE

Dieser umfangreiche Vogelratgeber soll Ihnen helfen, die Junggesellen zu identifizieren, die in Ihrer Nachbarschaft herumflattern. Sobald Sie wissen, welche Vögel am besten zu Ihnen passen, werden Sie sie leicht erkennen (und einfangen) können.

Albatros

Dieser geschiedene Vater hat Kind(er) und eine aufgebrachte, ja geradezu gallige Ex am Hals. Nun plant er, sich voller Verzweiflung an Ihren zu hängen! Warnung: Sollte seine Ex ihm noch nicht völlig gleichgültig sein oder er sie richtiggehend hassen, werden Sie sich vorkommen, als wollten Sie mitten in einem Krisengebiet ein Love-In veranstalten: Ihnen drohen Sabotage und nächtliche Überfälle, und vermutlich werden Sie unweigerlich ins Kreuzfeuer geraten.

Lebensraum: Bei Fußballspielen der E-Jugend, Toys'R'Us und Schulvorführungen, beim Familientherapeuten.

Lieblingslied: »All By Myself« in der Version von Céline Dion.

Gefieder: Khakihosen, Hawaiihemden und hässliche Schnürstiefel, die im Wandschrank seines verlotterten Mietappartements durcheinanderliegen.

Paarungsverhalten: Verzweifelt, bedürftig, klammernd. Weint möglicherweise vor, während und nach dem Sex. ACHTUNG: Je heißer der Abend verläuft, desto größer das Risiko, von kleinen Menschen gestört zu werden – wählen Sie also vorsichtshalber Kleidung, die schnell wieder zurechtgezogen werden kann.

Futter- und Pflegetipps: Nehmen Sie Taschentücher mit und üben Sie mitfühlende Kommentare wie: »Wie schrecklich, was du erlebt hast. Ach je, das wird schon wieder.« Sie müssen sich nicht mal die Beine wachsen, weil seine Ex ihm den Sex schon vor Jahren gestrichen und sich einiges bei ihm angestaut hat.

Bienenfresser

Dieses unwiderstehlich charismatische Sexgenie hat so viele Namen von Exfreundinnen auf seinen Körper tätowiert, dass ihm allmählich der Platz ausgeht. Er sieht erschütternd gut aus, ist ein schlimmer Vogel, absolut heiß und sich dessen wohl bewusst.

Lebensraum: In düsteren Musikstudios, Tourneebussen, Striplokalen, Ihrer Unterwäsche.

Lieblingslied: »Sexy Back« von Justin Timberlake.

Kennzeichen: Sexueller Atheismus.

Paarungsverhalten: Macht alles, was Sie schwach macht.

Futter- und Pflegetipps: Diese Spezies kreist über dem offenen Land und sucht größtmögliches Amüsement. Gehen Sie also in die Knie und geben ihm, was er will: Applaus, Applaus, Applaus!

Bluthänfling

Er ist immer knapp bei Kasse, aber das ist Ihnen schnuppe, weil Sie sich bei diesem Romeo wie Julia fühlen. Die perfekte Wahl für jede Powerfrau, die sich ihre persönliche Rente gesichert hat, oder für idealistische Studentinnen mit Ausbildungsförderung.

Lebensraum: Bei *Ihnen* (in Ihrem Schlafzimmer, auf Ihrem Sofa und zwischen Ihren Schenkeln)

Lieblingslied: »The Air That I Breathe« von den Hollies.

Gefieder: Secondhand-Schick, Strubbelfrisur und eine Rostlaube, die alle naselang liegenbleibt.

Paarungsverhalten: Verteilt Liebesbriefe, handgeschriebene Gedichte, Blumen aus dem Park oder Nachbars Garten und ein unvergessliches Funkeln in den Augen.

Futter- und Pflegetipps: Bitte das Füttern nicht vergessen! Er hat *immer* Hunger. Und lassen Sie ihn nicht zahlen, er braucht das Benzingeld, um das nächste Mal zu Ihnen zu kommen.

Brillenkauz

Dieser Schlaumeier entspricht rein äußerlich vermutlich nicht unbedingt Ihren heißesten Phantasien, aber seine Art zu lieben wird Sie einfach vom Hocker hauen. Er verschafft Ihnen multiple Orgasmen, verbildlicht Ihnen anhand von Diagrammen, was zwischen Ihren Beinen gerade unter physiologischen Gesichtspunkten passiert, und trällert Ihnen später noch ganze Arien.

Lebensraum: Universitätsseminare, Umweltschutzprotestmärsche, Dichterlesungen, Buchhandlungen, Bibliotheken und Opernaufführungen.

Lieblingslied: »She Blinded Me With Science« von Thomas Dolby.

Gefieder: Tweedanzug, Schottenkaro, Khakihosen, Brille. Sein Outfit mag an ihm hängen wie ein nasser Sack, aber sein Genmaterial ist *perfekt.*

Paarungsverhalten: Ist Ihnen bei »Spiegel online« mit dem einzigen guten Foto aufgefallen, das je von ihm gemacht wurde. Rezitiert aus Platons »Der Staat«, aber nach einer Nacht mit ihm kommen Sie sich eher vor wie in Platons Konkubinat ...

Futter- und Pflegetipps: Tun Sie so, als würden Sie ihm zuhören. Sagen Sie: »Das ist ja faszinierend!« oder: »Wie funktioniert das gleich noch mal mit der Kernfusion?«

Buschflöter

Dieser Mann hat Entscheidungsschwierigkeiten und ist von einer unersättlichen Gier nach weiblichen Reizen befallen – Ihren ebenso wie denen anderer Frauen. Am Anfang scheint er ein echter Leckerbissen, aber schon nach kurzer Zeit stellt er sich als schreckliche Nervensäge heraus. Häufig leidet er unter EADS (Erotisches Aufmerksamkeitsdefizitsyndrom) oder sexuellen Zwangsstörungen.

Lebensraum: Er ist überall!

Lieblingslied: »Super Freak« von Rick James.

Kennzeichen: Er nimmt Sie zuerst ins Visier. Kann als alles Mögliche getarnt sein, sogar als *Verkäufer oder Zahnarzt!* Achten Sie auf Sehnenscheidenentzündung am Handgelenk.

Paarungsverhalten: Nimmt, was er kriegen kann.

Futter- und Pflegetipps: Lassen Sie sich von ihm nach allen Regeln der Kunst verwöhnen, genießen Sie und stellen sich blind, wenn er auf Abwege gerät. Oder Sie engagieren einen Privatdetektiv. Oder lassen ihn lieber sausen.

Dodo

Dieser heiße Hüne weiß sein Werkzeug zu handhaben, ist aber schwach im Buchstabieren. Was soll's? Wenn er Sie bittet, ihm das »Insulierband« zu geben, sagen Sie einfach, er solle sein Hemd ausziehen und Ihre Möbel umstellen. Ihn dabei zu beobachten ist wie ein kleiner Urlaub ... bis er wieder spricht. Nun ja, ich schätze, alle guten Dinge kommen mal zum Ende und kommen und kommen und ... Was habe ich gerade gesagt?

Lebensraum: Im Baumarkt, bei den Lehrangeboten des zweiten Bildungswegs und natürlich im Sportstudio.

Lieblingslied: »Do You Think I'm Sexy?« von Rod Stewart.

Gefieder: Meist trägt er Trainingsanzüge, aber Sie sehen ihn lieber nackt.

Paarungsverhalten: Er verlegt auch gern mal woanders Rohre.

Futter- und Pflegetipps: Sagen Sie: »Hast du etwa auch ein Gummi in deinem Werkzeugkasten?« *Siehe* Eichelhäher.

Eichelhäher

Dieser heitere Geselle ist phantastisch im Bett, auf der Silbernen Hochzeit Ihrer Eltern jedoch eher peinlich.

Lebensraum: Nacktbadestrände, Trenchcoats, Nudistencamps.

Lieblingslied: »Me So Horny« von 2 Live Crew.

Gefieder: Nahtlose Bräune.

Paarungsverhalten: Überall und jederzeit, solange es nur unangemessen ist.

Futter- und Pflegetipps: Sonnenschutzfaktor 40, und vergessen Sie Ihr Höschen.

Eisvogel

Irgendein traumatisches Ereignis in seiner Kindheit muss eine vollständige emotionale Blockade verursacht haben. Es handelt sich um einen Vogel, der niemals auftauen wird.

Lebensraum: An First-Class-Adressen ebenso wie in Strafanstalten und Randbezirken.

Lieblingslied: »Cold as Ice« von Foreigner.

Gefieder: Hemden von BOSS oder orangefarbene Overalls.

Paarungsverhalten: Lässt seine Verabredungen von seiner Sekretärin (oder seinem Bewährungshelfer) treffen.

Entlein, hässliches

Er ist absolut nicht Ihr Typ, aber wenn Sie ihm eine Chance geben, verwandelt er sich auf wundersame Weise in einen Schwan.

Lebensraum: Wann und wo immer Sie ihn brauchen.

Lieblingslied: »Two Princes« von den Spin Doctors.

Gefieder: Auf den ersten Blick unscheinbar oder sogar hässlich, gewinnt aber mit jedem weiteren Hinsehen.

Futter- und Pflegetipps: Genau hinsehen!

Flamingo, rosa

Der rosa Flamingo nimmt fast Ihre gesamte Zeit in Anspruch, aber man kann ihm nur schwer widerstehen, weil er der beste Freund auf Erden ist. *Und* die beste Freundin.

Lebensraum: Ihr Spiegel, Ihr Wandschrank (wo Sie ihn erwischen, wie er seine großen Füße in Ihre Designerpumps zwängt). Auf der Tanzfläche.

Lieblingslied: »One Night in Bangkok« von Murray Head.

Gefieder: Alles, was teurer ist als Ihr Outfit.

Paarungsverhalten: Er hasst Ihren Ex genauso sehr wie Sie ... und sehnt sich ebenso sehr nach dem Versöhnungssex mit ihm. Verlieben Sie sich bloß nicht in ihn – Sie werden ja so was von *nicht* flachgelegt!

Futter- und Pflegetipps: Füttern Sie ihn mit Ihrer Klamottenkrise, Ihrem Beziehungsdrama und dem neusten Klatsch. Um ihn zu ködern, sagen Sie: »Sollen wir uns einen Bette-Midler-Film ausleihen und aufs Sofa kuscheln? Wir könnten uns gegenseitig die Zehennägel lackieren und keinen Sex haben!«

Geier

Er kennt kein Schamgefühl und schleppt Sie sogar von einer Beerdigung, aus einer Polizeiwache oder einer Selbsthilfegruppe ab. Dieser opportunistische Raubvogel hat nicht den Hauch eines Gewissens und bevorzugt bereits angeschlagene Beute, die durch ihren Schmerz zu abgelenkt ist, um sich zu widersetzen.

Lebensraum: Beerdigungen, Polizeiwachen, Gerichtsverhandlungen, auf Stippvisite in Selbsthilfegruppen.

Lieblingslied: »Lean On Me« von Bill Withers.

Gefieder: Hat immer Taschentücher, Streichhölzer und die Nummer eines guten Anwalts in der Tasche.

Paarungsverhalten: Sagt: »Ich spendier dir einen Kaffee« oder: »Komm, erzähl mir die ganze Geschichte.«

Futter- und Pflegetipps: Schniefen Sie. Erzählen Sie eine herzergreifende Geschichte und wischen Sie Ihre Tränen an seinem Kragen ab.

Goldfasan

Sie dachten, Sie seien glücklich verheiratet, aber sobald Sie ihn bei Ihrem Ehemaligentreffen sehen, überkommen Sie alte romantische Regungen.

Lebensraum: Auf Klassentreffen, Abiturtreffen, Uni-Abschlusstreffen und in Ihrer Erinnerung. Wenn Sie ihn dort nicht finden, googeln Sie ihn.

Lieblingslied: »Emily Kane« von Art Brut.

Gefieder: Eingehüllt in den goldenen Glanz vergangener Tage; trägt Ihren Lieblingsherrenduft.

Futter- und Pflegetipps: Ein bisschen Träumen ist erlaubt, heimliche Treffen beim alljährlichen Weihnachtsbesuch bei Ihren Eltern sind eher gefährlich. TIPP: Kramen Sie Ihr Tagebuch aus Schulzeiten hervor und lesen Sie nach, warum Sie ihn damals abgeschossen haben!

Goldstirntrugschmätzer

Dieser markante Mensch der Tat sucht für seine Luxuskarosse die passende Frau auf dem Beifahrersitz. Lernen Sie, den perfekten Martini zu mixen, und klettern Sie, wenn Sie Spaß daran haben, mit Mister Möchtegernmultimillionär die Karriereleiter hinauf.

Lebensraum: Meist beim Beschwatzen von Investoren in der Business Class, im Golfclub und in verrauchten Zigarrenbars zu finden.

Lieblingslied: »Life in the Fast Lane« von den Eagles.

Gefieder: Anzug von Armani, Schuhe von Prada. Mit seinem überschüssigen Haargel könnte er sein Motorrad polieren. Duft: »Hypnotique« und »Pure Ambition«.

Paarungsverhalten: So pompös es nur geht! Versucht, Sie zu beeindrucken, indem er teure Weine bestellt, deren Namen er nicht aussprechen kann, sowie mit rosaroter Zukunftsmalerei ...

Futter- und Pflegetipps: Was um zehn Uhr morgens ein guter Kauf war, möchte man kurz vor Börsenschluss manchmal gern wieder loswerden. Also aufgepasst: Kann sein, dass er seine Position über Nacht nicht halten kann! Um eine langfristige Investition zu gewährleisten, zeigen Sie ihm Ihre stillen Reserven.

Greif

Er war eine unbedeutende Affäre, und nun werden Sie ihn nicht wieder los.

Lebensraum: Wirklich überall – auf Ihrem Anrufbeantworter und der Mailbox, in Ihrem E-Mail-Postfach und Ihrem Schatten.

Lieblingslied: »Every Breath You Take« von Police.

Gefieder: Trägt jeden Tag das Shirt, in dem Sie bei ihm übernachtet haben, um Ihre Verbundenheit zu demonstrieren.

Paarungsverhalten: Klammert und stellt sich absichtlich begriffsstutzig.

Futter- und Pflegetipps: Weisen Sie ihn ab, um sein Verlangen zu schüren, damit kann er sehr gut umgehen – wenn ihn irgendetwas richtig heiß macht, dann ist es Ablehnung.

Grünschnabel

Das perfekte Häppchen für zwischendurch. Dieser Jungspund ist ein Genuss und Ihr persönliches Wellnessprogramm, aber gehen Sie auf Nummer sicher und lassen sich erst seinen Ausweis zeigen.

Lebensraum: In Einkaufszentren, an Ihrem Rasenmäher und allen anderen Orten, wo Jungs seiner Altersklasse jobben.

Lieblingslied: »Mama Told Me (Not to Come)« von Tom Jones.

Gefieder: Babyflaum am Kinn, unterhalb der Gürtellinie aber ein ganzer Mann.

Paarungsverhalten: Ausdauernd und energetisch, bis Sie sagen: »Du musst gehen, mein Mann kommt jeden Augenblick nach Hause. Bis nächsten Dienstag in der Eisdiele!«

Futter- und Pflegetipps: Tragen Sie Dessous und füttern ihn mit Süßigkeiten.

Gummi-Ente

Das ist ein Vogel, den man sogar im Internet bestellen kann.

Lebensraum: Ihre Nachtschrankschublade.

Lieblingslied: »I Touch Myself« von The Divinyls.

Gefieder: Kommt in verschiedenen Farben und Größen vor, aus Kunststoff oder Silikon.

Futter- und Pflegetipps: Halten Sie immer Batterien oder Verlängerungskabel bereit. Sagen Sie: »Bäumchen, rüttel dich!«

Hausgimpel

Der Hausgimpel möchte, dass Sie Ihr kleines schwarzes Adressbuch verbrennen und endlich auf den Zug ins Gelobte Eheland aufspringen. Er ist nämlich mehr als bereit dafür, also wundern Sie sich nicht, wenn er die Nummer mit dem Kniefall schon zu Ihrem sechsmonatigen Jubiläum durchzieht – ein Termin, den er tatsächlich behalten, für den er etwas geplant und an den *er* Sie erinnert hat! Falls Sie sich noch nicht schlüssig sind, passen Sie lieber auf. Denn bis Sie so weit sind, sich zum Therapeuten zu schwingen, um dort zu erkennen, dass der einzige Weg zum Überwinden Ihrer Bindungsangst darin liegt, sich zu binden, hat er längst eine andere (und das könnte unter Umständen ärgerlich sein).

Lebensraum: Auf Beutesuche beim Juwelier, auf seinen Knien.

Lieblingslied: »Ti sposerò perché – Ich werde dich heiraten« von Eros Ramazotti.

Gefieder: Hat gerade sein erstes Haus gekauft und viel Platz darin.

Paarungsverhalten: Romantische Abendessen und Termine mit dem Architekten.

Futter- und Pflegetipps: Sagen Sie »Ja«.

Huhn, gerupftes

Er ist so lieb, dass er trotz seiner Allergie Ihre Katze streichelt, um Ihre Gefühle nicht zu verletzen.

Lebensraum: Zu Hause, in Apotheken (neigt zur Hypochondrie), Buchhandlungen oder in einer stillen Ecke der Leihbücherei.

Lieblingslied: »Creep« von Radiohead.

Gefieder: Sonnenbrille, Händedesinfektionsmittel und Zigaretten. Wenn er nervös ist, gibt er ein niedliches Stottern von sich.

Paarungsverhalten: Sie müssen den ersten Schritt machen, und stellen Sie sich bloß auf mehrere Anläufe ein, bis er einwilligt. Im Bett kann er absolut umwerfend sei, also haben Sie Geduld – er ist die Mühe wert.

Futter- und Pflegetipps: Locken Sie ihn ganz langsam aus seinem Schneckenhaus in Ihr Schlafzimmer. TIPP: Keine hektischen Bewegungen. Er ist ja so schreckhaft!

Jagdfalke

Dieser Fetischist kann gezähmt werden, jedoch nur durch eisernes Training.

Lebensraum: Ihr Arm.

Lieblingslied: »Unchain My Heart« von Joe Cocker.

Gefieder: Fesselgeschirr

Paarungsverhalten: Sobald er gezähmt ist: sehr treu und aufmerksam.

Futter- und Pflegetipps: Kaufen Sie sexy Lederhandschuhe, verbinden Sie ihm die Augen und sagen, er solle Sie »Herrin« nennen. Dann geben Sie ihm einen Klaps.

Kahlkopfatzel

Ein klassischer Frühlingsflirt mit diesem meist mindestens zwanzig Jahre älteren Vogel ist ein perfekter Zeitvertreib für eine kesse Lolita mit leichtem Therapiebedarf (nun, vielleicht auch dringendem Therapiebedarf, aber darüber will ich nicht urteilen).

Lebensraum: Auf dem Hochschulgelände, in Studentenkneipen, Striplokalen ...

Lieblingslied: »Moi ... Lolita« von Alizée.

Kennzeichen: Glatze. Macht vor Ihren Freundinnen peinliche Bemerkungen wie: »Komm, wir lassen die Wände wackeln!« oder: »Ich mach dir den Hengst!«

Paarungsverhalten: Wichtigtuerisch, dominant und (auf ausgesprochen heiße oder absolut erbärmliche Art) pervers.

Futter- und Pflegetipps: Schlüpfen Sie in etwas, das einer katholischen Schuluniform möglichst ähnlich sieht, und in Ihre Riemchen-Ballerinas. WARNUNG: Meiden Sie seine Exfrau. Sie wird sich über eine Begegnung mit Ihnen so sehr freuen wie über Krähenfüße.

Kampfadler

Er achtet auf Recht und Gesetz, also stehen Sie stramm und befolgen seine Kommandos.

Lebensraum: Auf dem Schießstand, in der Bondage-Abteilung des Sexshops, auf Polizeiwachen (natürlich auf der richtigen Seite der Theke).

Lieblingslied: »Hyper Hyper« von Scooter.

Gefieder: Armeehaarschnitt, sonnenverbrannter Nacken, Pilotenbrille, Angeberkiste.

Paarungsverhalten: Bellt vom Leder-Ohrensessel aus Befehle, diskutiert lang und breit über Verbrechensmeldungen in den Nachrichten.

Futter- und Pflegetipps: Halten Sie stets Fleischhäppchen und

Dosenbier bereit und sagen Sie: »Ja, Schatz! Noch eine Boulette?«, dann ist er bald derjenige, der strammsteht.

Klapperstorch

Will seinen Samen streuen. Der Storch kann sich als der gefährlichste Vogel von allen entpuppen und versucht mitunter, mit einem einzigen angeritzten Kondom Ihre Träume, Ihre Ziele und Ihre Karriere zu boykottieren. Oft ist er ein bekehrter Junggeselle in den Vierzigern, der plötzlich sicher ist, in Ihnen (die Sie vermutlich deutlich jünger sind als er) die Richtige gefunden zu haben. Leider passiert ihm das öfter, was Sie aber erst merken, wenn er Ihnen seine Kinder vorstellt.

Lebensraum: In Geburtsvorbereitungs- und Familienplanungskursen, in Baby-Fachgeschäften.

Gefieder: Kinderwagen im Kofferraum und die Nummer der Väterberatung in der Hosentasche.

Lieblingslied: »Papa Don't Preach« von Madonna.

Paarungsverhalten: Will sein Kondom nicht anbehalten und ist genau über Ihren Zyklus informiert.

Futter- und Pflegetipps: Wenn Sie schon längst ein Kind haben wollten, gibt es einen einfachen Weg, ihn glücklich zu machen: Haben Sie einen Eisprung.

Kondor

Hoch droben in den Sphären von Ruhm, Reichtum, Ansehen und Macht, in denen dieser Rockstar oder Finanzkünstler seine Kreise zieht, ist die Luft sehr dünn. WARNUNG: Während Sie sich an ihn ranmachen, müssen Sie sein grausiges Gefolge aus Expartnerinnen, Kindern, Journalisten, Fans und Warmsteinmassage-Therapeuten ertragen.

Lebensraum: In der Kanzlei seines Scheidungsanwalts, im Büro seines Managers, in der Praxis seines Seelenklempners oder in seiner Luxuslimousine. Tatsächlich könnte er überall stecken, denn seine Assistenten werden dafür bezahlt, alle Spuren geschickt zu verwischen.

Lieblingslied: »Goldfinger« von Shirley Bassey.

Kennzeichen: Tinte an den Fingern (vom Unterzeichnen von Verträgen und Autogrammkarten), kamerataugliches Lächeln und jede Menge Kohle.

Paarungsverhalten: Er ist es so sehr gewohnt, dass man sich um ihn reißt, dass er im Bett womöglich etwas bequem ist ... aber Sie werden viel Spaß mit seinem Gärtner haben.

Futter- und Pflegetipps: Der Kondor umgibt sich mit einem Gefolge aus bezahlten Parasiten, das ihm jeden Wunsch von den Augen abliest. (Kann sein, dass es sich auf »Rasen« oder »Kanalgewehr« reimt.) Finden Sie heraus, was Sie ihm zu bieten haben, was der Rest der Kohorte nicht hat.

Königshahn

Er ist der ultimative Liebhaber für alle, die es ein bisschen prollig mögen.

Lebensraum: In Hochhaussiedlungen oder Berlin-Kreuzberg, bei Boxveranstaltungen, auf Hip-Hop-Partys.

Lieblingslied: »Magic Stick« von 50 Cent.

Gefieder: Eine Anakonda in Boxershorts. Markenjogginganzug, Rolex (könnte ein Imitat sein), Riesendiamant am linken Ohrläppchen, Geländewagen oder Benz (auf jeden Fall mit Spoilern).

Paarungsverhalten: Champagner, durchtanzte Nächte und Gras. Nennt seine Freunde »Alter«, sagt dafür aber unwiderstehliche Dinge wie: »Du bist das Heißeste, was mir je begegnet ist, Süße!«

Futter- und Pflegetipps: Ziehen Sie einen String an, und beugen Sie sich vor.

Küken

Ein süßes, meist noch sehr junges und fast immer beziehungsflüchtiges Vögelchen, das lieber im Regen ersaufen würde, als sich in einem warmen, geschützten Vogelhäuschen niederzulassen.

Lebensraum: Ungewiss, da aus dem Nest geflüchtet.

Lieblingslied: »I'm Free« von den Rolling Stones.

Kennzeichen: Amputierter Ringfinger.

Paarungsverhalten: Heiß und wild, bis Sie den Vogel fragen, wohin

Ihre Beziehung steuert. Dann können Sie beobachten, wie er sich hektisch flatternd im Kreis dreht.

Futter- und Pflegetipps: Entweder Sie haben genügend Geduld, bis nach der Mauser auf ihn zu warten, oder Sie sollten sich ein neues Nesthäkchen suchen.

Langschwanzbuschsänger

Dieser Kerl ist ein wahres Sexsymbol, also oft ein Athlet, Filmstar oder Unterwäschemodel. Er braucht viel Bestätigung, *immer und überall*, und die bekommt er auch – egal, ob an-, aus- oder ungezogen.

Lebensraum: Auf dem Filmset, im Tourneebus, in der angesagtesten Bar der Stadt.

Gefieder: Designerklamotten oder etwas von seiner eigenen Kleidermarke. Und natürlich fährt er einen dieser Geländewagen.

Lieblingslied: »I'm Too Sexy« von Right Said Fred.

Paarungsverhalten: Wenn er sagt, er spielt neun Löcher, dann meint er damit nicht Golf.

Futter- und Pflegetipps: Lassen Sie sich was Schönes zwischen die Federn säuseln, genießen Sie, solange Sie können, und dann zwitschern Sie ab!

Mönchmeise

Ein Jesusfreak.

Lebensraum: Vor der Heiligen Schrift, auf seinen Knien in der Kirche, in Bibelgruppen und auf Konzerten von der Kelly Family oder Xavier Naidoo.

Lieblingslied: »Your Own Personal Jesus« von Depeche Mode.

Kennzeichen: Rosige Wangen. Alles an ihm ist gebügelt und geschniegelt, und Jesus ist sein bester Freund.

Paarungsverhalten: Nicht vor der Ehe – natürlich! Und rechnen Sie mit der Missionarsstellung …

Futter- und Pflegetipps: Keine Schimpfwörter, bitte! Sagen Sie: »Ich liebe den Herrn!« und: »Gott sei Dank!« und spenden Sie Ihr Sexspielzeug für den Wohltätigkeitsbasar – er wird nicht verstehen, warum Sie sich so amüsieren, Sie aber für Ihren Großmut lieben.

Nachtigall

Dieser Süßholzraspler singt Ihr Lob in den höchsten Tönen, doch wenn es um eine feste Beziehung geht, wird er umgehend von Kehlkopfentzündung befallen.

Lebensraum: Ihr Schlafzimmer

Lieblingslied: »Smooth Operator« von Sade.

Gefieder: Zwölf Jahre alter Scotch, zahlreiche Exfreundinnen, ein teures Auto und *Sie.* Und dann die andere. Und dann vielleicht wieder Sie, wenn Sie ein zweites Mal auf ihn reinfallen! Bitte lesen Sie alles über den geheimen Pferdefuß auf Seite 79.

Paarungsverhalten: Kann schönere Lieder säuseln als ein Minnesänger. Verführt Sie mit einem fabulösen Diner, vernascht Sie nach allen Regeln der Kunst … und versetzt Sie, wie Sie es noch nie erlebt haben.

Futter- und Pflegetipps: Genießen Sie den Augenblick – und versagen Sie sich alles Weitere.

Papagei

Das ist einer fürs Leben. Sagt, was immer Sie hören wollen, und meistert den schwierigen Satz: »Ja, Liebling« ohne Probleme.

Lebensraum: Sie können die Käfigtür ruhig offen lassen – der fliegt nicht davon.

Lieblingslied: »Die Eine« von Die Firma.

Gefieder: Ehering

Paarungsverhalten: Wie auch immer Sie es wollen und wann immer Sie ihn lassen.

Futter- und Pflegetipps: Er ist vollkommen stubenrein und trinkt nicht aus der Flasche.

Paradiesvogel

Diese heiße Urlaubsromanze ist die Erwachsenenversion Ihrer Sommerliebe mit vierzehn, als Zungenküsse noch irgendwie eklig waren. Er ist zu heiß für Sie, und Sie beide wissen das. TIPP: Verstecken Sie Ihre Handtasche.

Lebensraum: Auf keinen Fall an Ihrem Wohnort, sondern eher in

Spanien, in Club Meds, alten Ruinen, Gartenlauben oder auf Aussichtstürmchen.

Lieblingslied: Sie haben es noch nie zuvor gehört und verstehen kein Wort, aber es ist seeeehr eingängig.

Kennzeichen: Spricht mit Akzent, ist gut gebräunt und riecht nach fremdländischem Tabak, Kakaobutter und exotischen Gewürzen. Hat leider manchmal starken Körpergeruch, aber manche mögen das ja.

Paarungsverhalten: WARNUNG: Könnte spontan einen Heiratsantrag machen. Gehen Sie nicht darauf ein! Lassen Sie diesen Paradiesvogel dort, wo Sie ihn gefunden haben, und wenn Sie mit ihm fertig sind, fliegen Sie weit, weit weg.

Futter- und Pflegetipps: Lehnen Sie sich zurück und genießen die Reise ... bis er Ihr Herz stiehlt (oder Ihren Schmuck).

Pelikan, weißer
Übergewichtiger Vogel mittleren Alters.

Lebensraum: In Steakhäusern, bei Heavy-Metal-Festivals, sitzt auf dem Heimtrainer, ohne zu treten, liegt vor dem Fernseher auf dem Sofa.

Lieblingslied: Die meisten Alben von Bruce Springsteen. Wenn Atze Schröder singen würde, hätte er alles von ihm.

Gefieder: Schwabbelbauch, Birkenstock-Sandalen mit Socken, Hawaiihemden und käseweiße, behaarte Beine (igitt). Sammelt alberne Kopfbedeckungen und trägt sie auch – sogar den peinlichen Schirmhut mit Bierzulaufschlauch.

Paarungsverhalten: Der Klassiker: Abendessen und Kino.

Futter- und Pflegetipps: Braucht ständig Hilfe. Seien Sie ihm beim Zuknöpfen seines (zerknitterten) Hemdes behilflich und halten Sie ein Mittel gegen Blähungen bereit.

Pfau
Dieser geschniegelte Don Juan muss ständig alle Augen auf sich gerichtet sehen, wobei seine Leidenschaft, sich mit eigenen und fremden Federn zu schmücken, allerdings etwas anstrengend ist. Er

ist ein Markensklave und erzählt Ihnen detailliert und ungefragt, wie viel er für seine Prada-Slipper bezahlt hat.

Lebensraum: Auf dem Stuhl (von Zahnarzt, Friseur oder Kosmetikerin).

Lieblingslied: »You're So Vain« von Carly Simon.

Gefieder: Haargel, Krokodillederschuhe, mehr Schmuck als Sie.

Paarungsverhalten: Grinst spitzbübisch und sagt: »Deine Schuhe sind zum Verlieben.«

Futter- und Pflegetipps: Tragen Sie immer einen Taschenspiegel bei sich und sagen Sie so etwas wie: »Wow, in dieser Gucci-Hose ist dein Hintern perfekt!« Kleiden Sie sich dezent, um ihn nicht auszustechen. Ein Pfau tritt oft in Gesellschaft unscheinbarer Zaunkönige auf.

Pinguin

Ist monogam, bindet sich fürs Leben und hat den Hochzeitsanzug schon im Schrank hängen.

Lebensraum: Auf den Hochzeiten anderer, auf Singlepartys, beim Speed-Dating, bei Online-Partnervermittlungsagenturen.

Lieblingslied: »Lady in Red« von Chris de Burgh.

Gefieder: Spricht häufig nordischen Dialekt. Leerer Ringfinger, Smoking und Doppel-Fahrradträger liegen in Bereitschaft.

Paarungsverhalten: Er ist schnell! Und beim ersten Rendezvous ein besserer Aushorcher als Sie. Hat den Standesbeamten in seiner Kurzwahlliste. Die Liebe ist für ihn ein Rennschlitten, und er will Cross-Country mit Ihnen fahren. *Siehe* Klapperstorch.

Futter- und Pflegetipps: Sagen Sie: »Es wäre eine Ehre für mich, Frau [was auch immer sein Nachname ist] zu sein.«

Prinzenbussard

Sie lieben ihn einfach – Sie und alle seine Exfreundinnen, seine Mutter, seine Yogalehrerin und, wie Sie vermuten, auch ein paar seiner schwulen Freunde ... denn seien wir ehrlich: Dieser Mann ist der Held Ihrer einsamen Nächte, und manchmal werden Träume wahr! (Zumindest für kurze Zeit.)

Gefieder: Drei-Tage-Bart, Lachfältchen und tiefe Bräune von der Gartenarbeit.

Lebensraum: Im Park beim Joggen oder in der Küche seiner Mutter, wo er für die ganze Familie Hamburger brät.

Lieblingslied: »Perfect Day« von Lou Reed.

Paarungsverhalten: Turtelt mit Ihnen auf Grillfesten, in Sportkneipen und im Stadtpark, gern nach Einbruch der Dämmerung.

Futter- und Pflegetipps: Wenn der schnuckelige Prinzenbussard Sie wirklich zum Singen bringen soll, müssen Sie lernen, Ihr Spielzeug zu teilen. Aber es lohnt sich, denn er ist wirklich ein Wunderknabe.

Prinzenglanzstar

Sie haben die Hoffnung schon aufgegeben, Ihren Märchenprinzen zu finden, als er plötzlich direkt vor Ihnen landet. Das Leben kann so schön sein!

Lebensraum: Wie man ihn findet, bleibt ein Rätsel. Darüber entscheidet das Schicksal.

Lieblingslied: »Strangers in the Night« von Frank Sinatra.

Gefieder: Beweist in jeder Hinsicht guten Geschmack, ohne dabei effeminiert zu wirken.

Paarungsverhalten: Haut Sie um, fängt Sie auf und hält Sie ganz fest.

Futter- und Pflegetipps: Sie wissen schon: Tragen Sie etwas Altes, etwas Neues, etwas Geliehenes, etwas Blaues ...

Puderspecht

Ist immer hart wie Stein! Er bringt Sie zum Fliegen und lässt Sie einen Treueid auf seinen Fahnenmast schwören.

Lebensraum: Auf dem Schlafzimmerteppich, in der Badewanne, auf der Küchentheke, auf dem Esstisch, gegen die Wand in der Eingangshalle, im Fahrstuhl ... ups! Schon sind wir wieder in der Eingangshalle ...

Lieblingslied: »Love to Love You Baby« von Donna Summer.

Gefieder: Dauerständer, extrem enge Unterwäsche.

Paarungsverhalten: Vögelt ständig und überall.

Futter- und Pflegetipps: Gleitmittel und Handtuch.

Schluckspecht

Ein gewöhnlicher Trinker.

Lebensraum: Kneipe, Getränke-Discounter, auf dem Fußboden.

Lieblingslied: »I Wanna Be Sedated« von The Ramones.

Gefieder: Blutunterlaufene Augen und Fahne.

Paarungsverhalten: Schieben Sie ihn lieber runter. Er stürzt gern mitten im Zielanflug ab.

Futter- und Pflegetipps: Ihre Konkurrenten sind: die Flasche, das Koksröhrchen oder die Bierdose. TIPP: Der Schluckspecht ist nichts für Sie, außer Sie sind selbst eine Schnapsdrossel.

Schmarotzerraubmöwe

Diese geflügelte Ratte wird Sie immer wieder anscheißen.

Lebensraum: Ihre Geldautomatenkarte, Ihr Sofa, Ihr Auto, und nachdem Sie ihn rausgeschmissen haben: ihre Geldautomatenkarte, ihr Sofa, ihr Auto.

Lieblingslied: »Just a Gigolo« in der Version von David Lee Roth.

Gefieder: Was immer Sie ihm gekauft haben.

Paarungsverhalten: Er sollte vorher duschen, denn er hat Dreck am Stecken.

Futter- und Pflegetipps: Brotkrumen! Überfüttern Sie ihn bloß nicht, das nutzt er nur aus. TIPP: Verstecken Sie Ihre Wertsachen.

Schmucksittich

Hüten Sie sich vor einem Mann, der besser gekleidet und hübscher ist als Sie! Wie soll man erkennen, ob dieser Typ ein Fotomodell, Schauspieler oder einfach nur ... metrosexuell (in diesem Fall ein anderes Wort für schwul) ist?

Lebensraum: Saftbars, Fitnesscenter, Armani-Outlet, vor dem Spiegel.

Lieblingslied: »Beautiful« von Christina Aguilera.

Gefieder: Eindrucksvoller Körper und strahlend weiße Zähne.

Paarungsverhalten: Spricht Sie im Fitnesscenter an, wo er schon mal Ihre Bauchmuskeln begutachten kann. Raucherinnern brauchen sich keine Hoffnungen zu machen.

Futter- und Pflegetipps: Um herauszufinden, wie es um seine Neigungen bestellt ist, sagen Sie: »Von welcher Marke ist deine Hose? Die sieht super aus.« Heteros wissen auf solche Fragen keine Antwort.

Schmutzfink

Sie wundern sich, wo all Ihre Slips geblieben sind? Überraschung: *Er* trägt sie! Er hat ein gehöriges Repertoire an Strafmaßnahmen für ungezogenes Verhalten parat, von denen Sie keine missen möchten.

Lebensraum: In Kerkern, auf Porno-Webseiten und, nicht zu vergessen, bei Orgien.

Lieblingslied: »Walk on the Wild Side« von Lou Reed.

Gefieder: Leder und Peitsche oder Halsband und Kette!

Futter- und Pflegetipps: Sagen Sie wahlweise: »Ja, Meister!« oder: »Auf die Knie mit dir!«

Spaßvogel

Nach dem Motto: »Ich hab keine Ahnung, warum ich mit dem geschlafen habe … das war nur so aus Spaß.«

Lebensraum: Auf La Palma, Korfu, auf der Love Parade, beim Oktoberfest oder in jedem beliebigen Nachtclub – diesen Vogel finden Sie fast überall.

Lieblingslied: »One Wild Night« von Bon Jovi.

Gefieder: Sie waren viel zu betrunken, und es war auch viel zu dunkel, aber Sie können sich vage erinnern, dass er wunderbar weiße Zähne hatte.

Paarungsverhalten: Schnell!

Futter- und Pflegetipps: Das wissen Sie nicht mehr, aber es hat auf jeden Fall gewirkt.

Spatz

Buchhalter oder Zahnarzt. Er ist kein Glamourtyp, aber möglicherweise verlieben Sie sich aus Versehen in ihn. Oder Sie finden seine Neigung zur Co-Abhängigkeit niedlich und entdecken auf einmal Ihr Faible für eine solide Lebensweise.

Lebensraum: Im Haus seiner Eltern, bei Blind Dates und Abendessen von Freunden, zu denen er als Ihr Tischherr eingeladen wird ... Immer versuchen alle, dem Spatz auszuhelfen, weil sie wissen, dass er eine Gehilfin braucht.

Lieblingslied: »Stand by Your Man« von Tammy Wynette.

Gefieder: Volvo oder Saab, wenn er der sportliche Typ ist, Polohemden, Hosen mit Bügelfalte und die unvermeidliche Handygürteltasche.

Paarungsverhalten: Aufrichtig und (gähn) langweilig. Aber Ihre Mutter wird begeistert sein.

Futter- und Pflegetipps: Lächeln!

Spottdrossel

Wenn Sie ihn fragen, ob Sie dick aussehen, sagt er: »Ja.« Wenn Sie sich dann ärgern, meint er, Sie seien viel zu empfindlich und er habe doch nur Spaß gemacht.

Lebensraum: Lauert auf dem Ast gleich über Ihnen.

Lieblingslied: Alles von Eminem und Sido.

Gefieder: Ewiges Hohnlächeln, zusammengekniffene Augen und ein wirklich *hässliches Innenleben.*

Paarungsverhalten: Kommt zu früh ... baaaahhh!

Futter- und Pflegetipps: Abservieren! Motivieren Sie sich durch alle persönlichen Leitsätze, an die Sie sich erinnern, gehen Sie zum Karate und lassen Sie die Schlösser auswechseln. Und holen sich zum Trost einen Königshahn oder Dodo!

Springsittich

Er ist ein Meister der Doppeldeutigkeit und bringt auch die gelassenste Frau dazu, sich binnen kürzester Zeit über sein ständiges Hin und Her aufzuregen.

Lebensraum: Im Haus der anderen.

Lieblingslied: »Hello, goodbye« von den Beatles.

Kennzeichen: Sichtbar blasse Linie um den Ringfinger.

Paarungsverhalten: Er ruft *Sie* an (da er ständig seine Telefonnummer ändert).

Futter- und Pflegetipps: Bringen Sie ihn zur Paartherapie und beobachten Sie, wie die Federn fliegen.

Steifschwanzente

Er kann an nichts anderes denken.

Lebensraum: Verbirgt sich in Internet-Chatrooms hinter Namen wie »23-nurfürdich« (leidet oft unter Wahnvorstellungen).

Lieblingslied: »You Were Always on My Mind« in der Version von den Pet Shop Boys.

Kennzeichen: Männlich.

Futter- und Pflegetipps: Lügen Sie, sonst werden Sie nie Ihre Ruhe bekommen. Sagen Sie Dinge wie: »*Achdumeinegüte*, ist der groß!« oder: »Natürlich bin ich gekommen!«

Steinkauz

Dieser Vogel ist steinalt und von den rechtmäßigen Erben seines beträchtlichen Vermögens entfremdet.

Lebensraum: Vor allem Hotelanlagen mit Nebensaisonrabatt, Intensivstationen, Altersheime, bisweilen gerät er mit seinem Rollstuhl aber auch auf Abwege. Im Winter sieht man große Schwärme von Steinkäuzen auf die Kanaren ziehen.

Lieblingslied: »Knockin' on Heaven's Door« von Guns N' Roses.

Kennzeichen: Altersflecken und jungenhaftes Grinsen.

Paarungsverhalten: Er kann nicht mehr, also nehmen Sie lieber ein Buch mit. Wenn Sie um acht die Bettdecke über ihm glattstreichen, können Sie um zehn nach acht auf Ihrem Liebhaber sitzen.

Futter- und Pflegetipps: Tragen Sie bequeme Schuhe mit Gummisohlen und Krankenschwesterntracht.

Strauß

Er versteht nicht, warum Sie so sauer sind, wenn Sie im Badezimmerschränkchen das Diaphragma seiner Exfreundin finden, während Sie dort ganz zufällig ... nach dem Diaphragma seiner Ex-

freundin suchen. Sie würden ihm am liebsten eins mit dem Bügel-
eisen überziehen, aber auch das würde keinen Eindruck hinterlassen
– allerdings hätte er dann wenigstens einen Grund, den Kopf in den
Sand zu stecken.

Lebensraum: Im Dementi.

Lieblingslied: »It Wasn't Me« von Shaggy.

Kennzeichen: Sand im Bett.

Paarungsverhalten: Wechselt das Thema.

Futter- und Pflegetipps: Denken Sie sich Entschuldigungen *für ihn*
aus. Passt sehr gut zu einer Frau, die Konfrontationen scheut. Dann
können Sie *gemeinsam* so tun, als ob nichts sei.

Tontaube

Diesen Plagegeist müssen Sie schon mit dem Zaunpfahl erschla-
gen, damit er den Wink versteht und sich vom Acker macht. Aber
Tontauben werden in jeder Spelunke der Stadt abgeschossen.

Lebensraum: Steht immer genau da, wo er den Blick auf einen
richtig süßen Kerl versperrt.

Lieblingslied: »Do You Really Want to Hurt Me?« von Culture
Club.

Gefieder: Trägt, was auch immer vor fünf Jahren modern war, und
billige Schuhe.

Paarungsverhalten: Sagt: »Haben wir uns nicht schon mal irgendwo gesehen?« oder: »Kommst du öfter her?« und: »Grins!«

Futter- und Pflegetipps: Abschießen!

Trauermeise

Welche Frau war nicht mindestens einmal in einen Verrückten
verliebt, der plötzlich in katatonische Depression verfällt?

Lebensraum: Rehabilitationsklinik, Apotheke, das Gebüsch vor
Ihrem Haus.

Lieblingslied: »Crazy« von Gnarls Barkley.

Gefieder: Irrer Blick, dunkle Augenringe und Vier-Tage-Bart.

Paarungsverhalten: Intensiv und gefährlich spontan. Steht um vier
Uhr früh unangemeldet vor Ihrer Tür – lachend oder weinend oder
beides gleichzeitig.

Futter- und Pflegetipps: Geben Sie Ihren Vogel am besten so schnell wie möglich im Tierheim beziehungsweise bei seinem Therapeuten ab, dort wird man ihn artgerecht pflegen.

Truthahn

Schließt, wenn es regnet, das Auto zuerst auf seiner Seite auf oder sagt: »Ja«, wenn Sie anbieten, die Restaurantrechnung zu teilen. Er sieht sogar zu, wie Sie mit Ihrem Gepäck kämpfen! Ist geizig und bequem.

Lebensraum: In Schnell- und Kaufhausrestaurants.

Lieblingslied: »If I Only Had a Brain« von The Four Freshmen.

Gefieder: Rettungsring, Flecken auf dem Hemd, Socken in Sandalen.

Paarungsverhalten: Zitiert *Die Simpsons*, wenn er witzig sein will. Ein »toller Abend« mit ihm beinhaltet den Besuch bei »Burger King«, eines Drive-In oder irgendeiner öden Einkaufspassage, um dort mal »richtig gut« chinesisch zu essen.

Futter- und Pflegetipps: Gewöhnen Sie sich an Donuts und fritierte Gerichte. Besorgen Sie neue Batterien für Fernbedienung oder Vibrator, weil er viel zu faul ist, sich um Sie zu kümmern.

Unzertrennliche

Wegen ihres ausgeprägten Paarverhaltens (starkes Kuschelbedürfnis, fürsorgliche Aufmerksamkeit und Pflege des Weibchens) auch »Liebesvögel« genannt, sterben an Vereinsamung, wenn sie nicht paarweise gehalten werden.

Lebensraum: In Seelsorgegruppen, im Beerdigungsinstitut oder bei Trauerfeiern.

Lieblingslied: »I Will Always Love You« von Whitney Houston.

Gefieder: Vor Liebe glänzende Augen.

Paarungsverhalten: Ehefrau Nummer 1, Ehefrau Nummer 2 … und dann Sie!

Futter- und Pflegetipps: Bringen Sie zur Trauerfeier Schnaps mit und erwecken Sie seine Lebensgeister von neuem, dann gehört er Ihnen.

Vampirfledermaus

Dieser Blutsauger betört Sie, aber sobald Sie in seinem Bann stehen, saugt er Sie so leer wie Wüste. Dieser Mann beraubt Sie Ihrer positiven Energie, um sich besser zu fühlen. Das kann vom Missbrauch Ihrer Zeit über finanzielles Schröpfen bis hin zum skrupellosen Aufsaugen all Ihrer guten Laune führen. Retten Sie sich! Gehen Sie griechisch essen, schnappen Sie sich ein Kreuz und rammen Sie schleunigst einen Pflock durch das Herz dieser unseligen Beziehung.

Lebensraum: Im Dunkeln.

Lieblingslied: »Under My Thumb« von den Rolling Stones.

Kennzeichen: Schmeicheleien werden bald von schlechter Laune und Dauergrollen abgelöst.

Paarungsverhalten: Verwandelt sich danach in Attila, den Hunnenkönig, und taucht erst wieder auf, wenn Ihre Taschen gepackt sind.

Futter- und Pflegetipps: Er braucht Therapie und Sie ein Elektroschockgerät.

Vogel, verwundeter

Der Kerl hat mehr Probleme als ein Kummerkasten. Er wird all Ihre Energie und Aufmerksamkeit aufsaugen wie ein Schwamm – und dann behaupten, *Sie* seien diejenige, die professionelle Hilfe bräuchte, weil Sie auch nur daran *gedacht haben*, ihm helfen zu können.

Lebensraum: An Ihrer Schulter, vorm Selbsthilferegal in der Buchhandlung, auf Bahnschienen liegend.

Lieblingslied: »Love Hurts« von Nazareth.

Kennzeichen: Rote Augen, tränenverkrustete Wangen, leeres Prozac-Röhrchen, dessen Inhalt mit einer halben Flasche Rum runtergespült wurde.

Paarungsverhalten: Weint *vor* dem Sex.

Futter- und Pflegetipps: Geben Sie ihm guten Wein – er braucht etwas mit viel Charakter.

[Klopf. Klopf. Klopf.]

»Scarlett? Bist du da drin? Mach die Tür auf!«
»Bist du das, Ashley?«
»Nein. Ich bin's, Rhett.«

[Man hört etwas zu Boden fallen. Scarlett öffnet die Tür einen Spalt.]

»Na, Sie scheinen sich ja sehr wichtig zu nehmen, Captain Butler! Wie kommst du darauf, dass du hier einfach reinspazieren und mich herumkommandieren kannst? Außerdem war das wirklich grausam von dir, mich all die Jahre allein zu lassen. Nein, ich glaube nicht, dass ich die Tür öffnen will.«
»Ich war ein Idiot. Ein verdammter Idiot ... Scarlett! Wenn du die Tür nicht aufmachst, werde ich sie eintreten, und das tut in meinem Alter verdammt weh. Bitte, Scarlett. [mit zärtlicher Stimme] Ich bin gekommen, um dich hier wegzubringen, Liebling ... Heirate mich noch einmal ... und diesmal wollen wir beide wirklich versuchen, nett zu sein, ja?«
»Meinst du das ernst, Rhett? Wirklich? Oh, Rhett! Du bist zurückgekommen. Du bist wirklich zurückgekommen! Ich wusste, du würdest kommen!«

[Sie reißt die Tür auf, und Rhett lächelt selbstgefällig vor sich hin. Scarlett trägt ein sehr vorteilhaftes Kleid. Sie fallen einander in die Arme.]
»Ja, ich bin zurückgekommen, und ich werde dich nie mehr gehen lassen. Und – Scarlett?«
»Ja, Rhett?«
»Ich will keinen Piep mehr über diesen anderen Vogel hören.«

– ENDE –

© Lisa Wyatt

Über die Autorin

LAUREN FRANCES lebt in Los Angeles und ist eine erfahrene »Männerflüsterin«. Sie verbrachte unzählige Stunden mit anstrengenden (aber sehr befriedigenden) Undercover-Ermittlungen, um ihre Männerfang- und -zähmungstechniken zu verfeinern, und gründete in der Folge das »Institute for Romantic Research«. Als anerkannte Expertin in Liebesdingen und Love Coach betreut sie rund um den Globus zahlreiche Hollywood-Stars, außerdem war sie Liebesbotschafterin für »Victoria's Secret«.

www.laurenfrancesphdd.com

ANNETTE HAHN studierte Anglistik und Literarische Übersetzung. Neben Fay Weldon, Susan Choi und Judith Levine u. a. hat sie »Sex and the City« von Candace Bushnell ins Deutsche übertragen.

Die Zitate auf den Seiten 6 und 240 sind folgenden Quellen entnommen:

Emily Dickinson, »Hope is the thing with feathers«. In der Übersetzung von Walter A. Aue (http:// myweb.dal. ca/waue/ Trans/Dickinson-Hope.html).

Edward Lear, Von Eule und Katz und anderm Geschwatz. Illustriert von Owen Wood. Deutsch von Josef Guggenmos. Aarau/Frankfurt a. M./Salzburg, 1979.

»Man muss sich die Kunden des Aufbau-Verlages als glückliche Menschen vorstellen.«

Das Kundenmagazin der Aufbau Verlagsgruppe erhalten Sie kostenlos in Ihrer Buchhandlung und als Download unter www.aufbauverlagsgruppe.de. Abonnieren Sie auch online unseren kostenlosen Newsletter.